# AI+文化行业应用与实战指南

杨 红　蒋 多

孙芊芊　陈娴颖

编著

人民邮电出版社

北　京

图书在版编目（CIP）数据

AI+文化：行业应用与实战指南 / 杨红等编著.
北京：人民邮电出版社，2025. -- ISBN 978-7-115
-66477-8

I. G124-39

中国国家版本馆 CIP 数据核字第 2025MU5395 号

## 内 容 提 要

本书深入剖析了人工智能技术在文化领域的应用，涉及文化产业、公共文化服务、艺术行业、非物质文化遗产四大关键领域。书中详细阐述了 AI 技术如何重塑文化内容创作、传播、消费、服务和管理等环节，推动文化业态创新与产业转型升级。从 AI 文本写作、图像生成、音乐制作等文化创作新工具，到智慧图书馆、博物馆等公共文化服务的智能化升级，再到艺术创作的跨界融合与非遗保护的数字化转型，书中不仅展示了 AI 技术在文化领域的应用现状与典型案例，还探讨了未来的发展趋势与潜在挑战。

本书适合文化行业从业者、政策制定者、研究人员以及对 AI 与文化融合感兴趣的广大读者，旨在为读者提供 AI 时代文化行业发展的新视角与实战参考。

◆ 编　著　杨　红　蒋　多　孙芊芊　陈娴颖
　　责任编辑　王　冉
　　责任印制　陈　犇

◆ 人民邮电出版社出版发行　北京市丰台区成寿寺路 11 号
　　邮编　100164　电子邮件　315@ptpress.com.cn
　　网址　https://www.ptpress.com.cn
　　北京瑞禾彩色印刷有限公司印刷

◆ 开本：787×1092　1/16
　　印张：7.75　　　　　　　2025 年 5 月第 1 版
　　字数：145 千字　　　　　2025 年 5 月北京第 1 次印刷

定价：49.00 元

读者服务热线：(010)81055410　印装质量热线：(010)81055316
反盗版热线：(010)81055315

## 《AI+文化：行业应用与实战指南》课题组

编　著：杨　红　蒋　多　孙芊芊　陈娴颖

编　审：张洪生

其他成员：刘姝秀　王萍舒　魏思亚　刘思伶　林心怡
　　　　　陈汶君　纪静怡　张蔚然

当前，人工智能（AI）及其应用快速迭代，并不断渗透至文化行业。其以强大的数据处理能力、自主学习能力和创新潜力，为文化内容的创作、传播、消费、服务和管理等环节带来全新的模式，将成为推动文化行业新一轮繁荣发展的核心驱动力。

但与此同时，在全球化、数字化背景下，我国文化行业正面临诸多挑战。如何在快速变迁的社会环境中实现中华文化的赓续传承、中华文明的远播共享，如何在日益激烈的市场竞争中助力中国文化企业向"新"而行、高质量发展，是目前亟待解决的问题。

主动拥抱 AI，加强文化行业 AI 应用经验交流，更好地发挥 AI 相关工具的应用价值，规避潜在的冲击与风险，是直面挑战、把握机遇的应有姿态。

在此背景下，文化和旅游部文化和旅游研究基地（中国传媒大学）、中国传媒大学文化产业管理学院开展了文化行业 AI 应用专题研究，以文化和旅游部文化相关业务司局所辖业务为研究范围，重点对 AI 技术在文化产业、公共文化服务、艺术行业、非物质文化遗产领域 4 个方面的最新应用情况、应用方向及典型案例进行梳理与归纳。该专题研究期望为文化及相关行业制订政策措施、开展实操应用提供全面而务实的参考，共同促进我国文化行业在 AI 时代抢占先机，实现技术驱动下的高质量发展与繁荣。

本课题组
2025 年春

# CONTENTS 目录

## 第 1 章 人工智能技术在文化产业中的应用 / 7

### 1.1 AI 技术下的文化产业发展现状 / 8
- 1.1.1 AI 协同文化创意内容的开发 / 8
- 1.1.2 AI 辅助文化产品的设计制作 / 9
- 1.1.3 AI 推动文化信息的传播推广 / 11
- 1.1.4 AI 赋能文旅业态的深度融合 / 12

### 1.2 AI 技术在文化产业中的主要应用方向 / 15
- 1.2.1 AI 在文化创意内容开发中的方向 / 15
- 1.2.2 AI 在文化产品设计制作中的方向 / 16
- 1.2.3 AI 在文化信息传播推广中的方向 / 17
- 1.2.4 AI 在文旅业态深度融合中的方向 / 19

### 1.3 AI 技术在文化产业应用中的典型案例 / 22
- 1.3.1 AI 在文化创意内容开发中的典型案例 / 22
- 1.3.2 AI 在文化产品设计制作中的典型案例 / 34
- 1.3.3 AI 在文化信息传播推广中的典型案例 / 46
- 1.3.4 AI 在文旅业态深度融合中的典型案例 / 56

## 第 2 章 人工智能技术在公共文化服务中的应用 / 68

### 2.1 "AI+公共文化服务"应用现状 / 69
- 2.1.1 AI 在图书馆、博物馆和展览馆等领域的应用现状 / 69
- 2.1.2 "AI+公共文化服务"的应用困境 / 71
- 2.1.3 "AI+公共文化服务"的应用潜力 / 72

### 2.2 AI 技术在公共文化服务领域的主要应用方向 / 73
- 2.2.1 提升文化数据采集分析效率 / 73
- 2.2.2 创新文化资源活化利用 / 74
- 2.2.3 提升文化机构智能化服务水平 / 74
- 2.2.4 助力文物保护修复 / 75
- 2.2.5 助力文物安全保护与防控 / 75

### 2.3 AI 在公共文化服务领域的典型应用案例 / 77
- 2.3.1 文化数据采集分析的应用案例 / 77
- 2.3.2 文化资源活化利用的应用案例 / 78
- 2.3.3 智慧文化机构建设的典型案例 / 81
- 2.3.4 文物保护修复领域的典型案例 / 82

### 2.4 发展与建议 / 85

## 第 3 章
### 人工智能技术在艺术行业中的应用 / 87

#### 3.1 当前 AI 在艺术行业的应用现状 / 88
- 3.1.1 AI 技术在艺术创作中的应用概况 / 88
- 3.1.2 AI 技术在艺术教育与推广中的作用 / 89
- 3.1.3 AI 在艺术品鉴赏与交易中的影响 / 91

#### 3.2 AI 在艺术行业应用的主要方向 / 93
- 3.2.1 AI 在艺术创作中的融合 / 93
- 3.2.2 AI 在艺术教育与培训中的创新 / 94
- 3.2.3 AI 在艺术市场与管理中的改革 / 95

#### 3.3 AI 在艺术行业应用的典型案例 / 96
- 3.3.1 AI 在音乐领域的典型案例 / 96
- 3.3.2 AI 在舞蹈领域的典型案例 / 97
- 3.3.3 AI 在戏曲与戏剧领域的典型案例 / 99
- 3.3.4 AI 在美术领域的典型实例 / 100

## 第 4 章
### 人工智能技术在非物质文化遗产领域中的应用 / 104

#### 4.1 非遗领域 AI 应用现状概述 / 105
- 4.1.1 人工智能已开始应用于非遗产品的设计与推广 / 105
- 4.1.2 AI 相关技术应用于非遗保护的潜能可观 / 106
- 4.1.3 警惕 AI 对非遗传承的潜在风险 / 107

#### 4.2 非遗领域 AI 应用的主要方向 / 108
- 4.2.1 AI 在非遗活态传承中的应用及风险防范 / 108
- 4.2.2 AI 可应用于非遗保护管理及学术研究 / 110
- 4.2.3 AI 在非遗传播与教育中的应用前景广阔 / 111
- 4.2.4 AI 将助推非遗的"两创"振兴 / 112

#### 4.3 非遗领域 AI 应用的典型案例 / 114
- 4.3.1 活态传承方向 / 114
- 4.3.2 保护研究方向 / 115
- 4.3.3 传播教育方向 / 116
- 4.3.4 发展振兴方向 / 117

**总结与展望** / **119**

**参考文献** / **120**

第 1 章

# 人工智能技术在文化产业中的应用

CHAPTER 1

# 1.1 AI技术下的文化产业发展现状

文化产业的发展离不开科技赋能，AI（Artificial Intelligence，人工智能）技术作为当下引发新一轮产业变革的革命性力量之一，为文化产业创造了许多新的机遇[1, 2]。AI技术的快速发展和广泛应用，深刻影响了文化产业的创意内容开发、产品设计制作、信息传播推广等多个环节，并且使文化产业涌现出了诸如文旅融合数字藏品、AI创作工具等新业态、新形式，极大地提升了文化生产效率和文化传播效果，推动了数字时代下文化产业高质量发展[3, 4]。

## 1.1.1 AI协同文化创意内容的开发

### AI文本写作

AI的自然语言处理技术为其理解输入指令、进行文本输出提供了重要支撑。通过大量语料训练，AI可以学习并掌握语言风格和写作规则，进而生成合理的文本内容。目前AI文本写作大致可以分为创作型写作和应用型写作[5, 6]。创作型写作集中体现在AI文学创作的探索和实践方面，例如，2017年"小冰"出版的诗集《阳光失了玻璃窗》拓展了文学边界，提供了一种非人类主体创作的可能性。近年来，AI技术进一步介入影视剧本创作、网络文学世界观设计和故事情节描写等创意写作之中，AI生成具备一定文学性的文本指日可待。此外，AI也可以通过数据分析，基于预设的规则和模板进行应用型写作，包括商业文案撰写、客服聊天问答、新闻稿件编写等，AI文本写作的应用场景不断拓宽，商业价值愈加凸显[7-9]。

### AI图像生成

AI图像生成是AI协同创作应用的一个重要分支，这与AI绘画技术的迭代升级密不可分。AI图像生成模式可以根据输入数据来源大致分为两种[10]，其中一种是"以图生图"模式。AI通过对人类艺术家所创作的大量作品进行数据分析和深度学习，模仿生成风格相似的画作。例如，《下一个伦勃朗》就是AI绘画软件对伦勃朗的绘画风格进行分析，基于深度学习和面部识别所创作出的画作，该画作近乎完美地复刻了画家独有的艺术风格。另一种是"以文生图"模式。AI 根据输入的文本指令进行跨模态转化，生成符合描述的画作。AI 图像生成的便捷性推动了技术应用的快速普及，AI 应用范围从单一的绘画艺术领域拓展至游戏开发、数字形象塑造、广告海报设计等商业实际应用场景。而随着 Midjourney、Stable Diffusion 等软件的开源并提供给公众使用，AI 图像生成进一步走向大众，非专业人士也有机会参与数字艺术创作[11]。

### AI音乐制作

AI 技术与数字音乐的融合极大改变了音乐制作模式，催生出智能编曲、自动作曲及歌声合成等新范式[12-14]。AI 可以对节奏、旋律、曲式、音色等音乐基本构成要素进行提取和数据分析，利用算法技术掌握音乐创作规律和音乐信息处理方式，根据用户描述的需求或输入的歌词自动完成音乐制作。作曲家借助 AI 辅助工具，可以获取丰富的音乐素材和灵感，并在创作过程中更加高效、精确地进行音频处理，提高音乐创作效率和听觉表达效果。现阶段 AI 音乐制作已囊括多种流派和风格，并涵盖说唱、摇滚等不同曲风类型，甚至基本实现了背景音乐和环境音效的独立制作。AI 音乐技术的发展和制作流程的简化，使 AI 音乐制作不仅在专业领域实现了多场景应用，例如为短视频剪辑平台提供海量音频资源、虚拟偶像歌声合成、影视配乐智能生成等，同时也让更多的非专业人士能够利用 AI 音乐平台进行个性化音乐创作，丰富了个人音乐体验形式。

尽管文化创意产业对 AI 生成和创作的应用已经相当广泛，但在内容开发方面，AI 尚不具备人类所独有的创造力和情感，当下更多是作为辅助工具使用。AI 的使用与监管在法律层面存在漏洞[15]。首先，由于 AI 依赖大量数据完成训练、进行深度学习和模仿，因此极易出现数据抓取违规、生成作品版权归属争议等问题。其次，数据源本身的质量会直接影响 AI 生成内容的表达，含有偏见、歧视、暴力元素的信息可能被 AI 学习并生成争议性内容，从而引发社会秩序混乱及伦理问题。

## 1.1.2 AI辅助文化产品的设计制作

### 影视后期制作与音画修复

AI 技术正深度嵌入影视后期制作环节，助力制作人员的创意落地，并呈现更高质量的视听效果。一方面，AI 技术能够对角色面容和声音等信息进行替换或直接生成，实现"换脸""换声"，目前已实际运用于数字"复活"已故演员、替换劣迹艺人等特殊场景中，有效降低了因演员个人突发状况引发的影视作品发行风险[16, 17]。另一方面，AI 技术能够实时生成与拍摄场景相匹配的特效，为制作人员及时调整场景布局和调度演员提供参考，实现影视制作降本增效。借助 AI 图像处理技术，灾害、科幻、超现实等特殊虚拟场景的渲染质量大幅提升，该技术能够营造出更为震撼且逼真的视觉奇观，给观众带来全新的视觉体验[18-21]。此外，在深度学习技术和计算机视觉技术的支持下，AI 能够对影像资料的清晰度、色彩、音质进行修复和增强，精准修补划痕、污渍等缺陷[22-24]。这使得许多经典老片重焕新生，其艺术价值在当代重新被大众认识。

## 游戏智能交互设计

游戏与 AI 技术天然具有耦合性，二者具有共同的技术底层逻辑。作为前沿科技的试验场，AI 不仅能够为游戏提供剧情文案编写、美术设计、音乐合成等方面的支持，更进一步驱动游戏体验的升级革新，特别是游戏 NPC（None-Player Character，非玩家角色）的制作。在自然语言处理、大数据等技术的支持下，NPC 可以摆脱传统的脚本互动模式，根据其自身角色设定及玩家行为做出更加真实、合理的个性化反应，拥有更加丰富、自然的面部表情和动作，实现与玩家的实时智能互动，极大提升玩家体验的趣味性和自由度。随着 AI 技术的深入发展，NPC 的互动模式也从简单的对话互动进化为游戏场景内的自主活动，如建造、探索等。AI 加持下的 NPC 还拥有持久的记忆，玩家的历史交互记录会影响其与 NPC 的关系发展走向并形成不同程度的情感连接。AI 技术正驱动游戏生产方式的深刻变革，使游戏世界更具真实性、沉浸感，也为玩家的游戏体验提供了更大的想象空间。

## 虚拟数字人IP打造

虚拟数字人是运用与文本、图像、声音等相关的 AI 生成技术打造而成的综合体，具有独特的外形和音色特征，以及实时对话、动作互动能力，呈现出真实、自然的拟人化效果。虚拟数字人在视听领域应用十分广泛，根据形象塑造方式可以分为真人数字分身和原创形象数字人[25, 26]。真人数字分身以真实人物为原型，通过 AI 图像处理等技术实现形象数字化再现，目前多应用于新闻播报和直播场景。例如，以中央电视台主持人撒贝宁为原型打造的"小小撒"和以北京广播电视台主持人徐春妮为原型打造的"时间小妮"，均突破虚实界限，在创新传播形式的同时强化了个人 IP。原创形象数字人主要朝虚拟演艺方向发展，虚拟艺人打造成为新风尚，目前已经涌现出诸如虚拟歌手Luya、虚拟美妆博主柳夜熙，以及国内首位参演真人剧集的虚拟偶像厘里等众多原创IP形象。虚拟数字人IP驱动了品牌价值的创新传播，在粉丝经济、广告代言、电商直播等领域具有较大的商业潜力。不仅如此，虚拟数字人IP运营更加可控，能够规避艺人私德问题导致的形象危机和"塌房"风险。

然而，AI技术融入文化生产使得大量依靠重复性劳动的低端就业岗位受到严重冲击，技术性失业潮爆发的风险陡升，可能对维持社会稳定造成不利影响。"缺乏情感"是AI的主要局限性之一，AI与用户建立的"情感连接"实质上仍是对用户信息与交互数据进行计算的结果，AI无法完全理解用户语义的情况依然存在，其情感识别和情感表达能力有待提升。

## 1.1.3 AI推动文化信息的传播推广

### 自动化新闻采编与分发

AI与新闻业的融合深刻地改变了新闻生产流程，引发了新闻业态重塑。在新闻采编环节，利用AI强大的数据收集和分析预测能力，新闻生产者能够快速发掘并跟进新闻热点或突发事件，使用AI根据事实自动生成新闻内容，极大地提升了新闻时效性[27-29]。近年来，新闻写作机器人的应用越来越普遍，尤其在数据密集型和突发性事件报道中具有准确、高效的独特优势[30]。在财经报道、体育赛事、灾难性事件、数据新闻生产方面，AI甚至有望成为新闻信息生产和传播的主体。在新闻分发方面，AI通过算法分析用户的阅读习惯和兴趣，实现资讯的精准推送，并利用深度学习和自动生成为用户提供个性化新闻产品[31]。AI自动化新闻采编与分发能够在信息爆炸时代有效吸引用户眼球，帮助新闻平台和聚合类新闻客户端提升用户黏性。

### 一站式智慧出版流程

AI技术正为出版全流程赋能，助力传统出版向智慧出版转型[32-35]。在选题策划环节，AI能够通过大数据分析掌握、预测读者偏好和市场趋势，自动生成选题和策划方案，为编辑提供参考方向，拓宽创意思路。在编辑审校环节，AI能够快速提取文章关键信息并形成准确的文章概要，并对语言逻辑、基本语法、标点符号及排版格式等进行智能校对，极大提高编辑工作效率和审校质量。在图书设计环节，AI 能够生成符合图书主题、具有吸引力的图书封面和内页插图，为美术编辑提供大量美术素材和灵感，提升设计效率。在运营推广环节，AI 能够帮助出版社掌握不同社交平台和图书营销渠道的风格特点和读者喜好，辅助制订有针对性的推广方案，并根据读者需求提供个性化图书推荐和定制知识服务[36, 37]。AI 的多语种智能翻译功能助力图书更快面向海外受众，打开海外市场。

## 精准化广告投放

AI 技术的引入给广告营销生态带来了颠覆性变革，催生了更多样、全面的营销方式和切入点，数字营销进入更高级阶段[38-41]。"AI 营销"以数据为基础，不仅可以精准发掘用户消费需求，而且可以分析和预测市场趋势，提升营销效率和效果。一方面，AI 可以对用户的消费习惯、兴趣爱好、浏览历史等数据进行深度分析，形成"用户画像"，进而精准触及潜在用户群体，并且 AI 能对用户消费需求进行动态监测，实时生成有针对性的有效广告内容。另一方面，AI 可以结合品牌形象和内涵，针对不同的营销场景和渠道智能制订多样化的营销方案，并对营销效果进行测量和持续优化，提升用户接受度，助力企业打造长效营销阵地。在 AI 技术加持下，企业广告信息投放逐渐实现从"粗放式"向"精准化"转变。

在 AI 技术渗入日常生活场景的同时，"算法黑箱"问题不容忽视，即 AI 计算分析和结果生成的过程并不透明，信息真实性存疑，虚假信息、误导性信息传播的风险提升。同时，信息内容的精准推送建立在对用户个人信息的访问基础之上，AI 技术服务的违规使用可能导致用户知情同意权得不到保障及隐私泄露等问题。此外，基于用户兴趣推送内容容易导致用户对 AI 信息源的依赖，使"信息茧房"问题加重。

## 1.1.4 AI赋能文旅业态的深度融合

### 智能旅游导览系统

近年来，文化和旅游产业逐渐朝数字化、智能化方向发展[42]。智能旅游导览系统作为数字文旅建设的基础工程，其应用场景在 AI 等先进技术的加持下更加丰富，既涵盖公园、广场、景区等室外场所，也包含博物馆、艺术馆等展厅展馆，为游客提供定制化导游服务。智能旅游导览系统集导览、导游、导航、导购等多种功能于一体，依托 AI

技术整合分析旅游供给数据，数字化呈现景点电子地图及周边公共服务设施信息，提供多语种语音讲解、景点导航、景区资讯推送等服务，并能够根据游客的实时定位智能规划游览路线。此外，虚拟导游也是智能旅游导览系统的重要部分。虚拟导游多以虚拟数字人形象呈现，借助 AI 自然语言处理技术实现与游客实时语音交互，通过智能问答的方式为游客讲解景区知识、提供服务帮助、推荐个性化旅游路线规划等，增强游客自主性和旅游趣味性。

## VR/AR/XR沉浸式旅游体验

混合现实技术带来的沉浸式体验成为文旅业态融合的重要实现方式，而 AI 相关技术的融入可进一步增强体验感，为沉浸场景构建及深入的情感交互提供重要技术支撑，满足游客日益多样化的文旅消费需求[43, 44]。现有沉浸式旅游体验大致可分为两大类：一类是以沉浸式街区、沉浸式文旅商综合体、沉浸式艺术展览等为代表的沉浸式空间，另一类是沉浸式演艺。相关设计多运用 VR（Virtual Reality，虚拟现实）、AR（Augmented Reality，增强现实）、XR（Extended Reality，扩展现实）等技术，能够初步实现虚实交融、感官刺激的游览体验。AI 技术凭借实时内容生成、图像渲染、智能交互等能力与已有技术的融合，能够进一步优化文旅场景氛围——不仅能使现实物理空间设计更加智能化，还能让文化场景"数字孪生"成为可能，打破古今与虚实的界限。游客可借助智能设备穿梭于虚拟世界与现实空间，实现全身心沉浸、高度在场感与个性化交互的情感体验。在 AI 技术赋能下，沉浸式旅游体验逐渐从感官刺激向情感连接深化，有助于城市形象和地域文化的有效传播，推动文旅产业长效发展。

## 数字文创产品

文创产品是文旅消费的重要部分，也是文旅特色的集中体现。随着 AI 技术在文创产品开发和品牌运营中的运用，文创产品不再局限于实体产品，而是拥有更加多元化、数字化、智能化的呈现形式[45]。AI 能够为产品设计和开发中创意想法的实际落地提供技术支持，通过计算机视觉等技术实现文化资源的数字化呈现和"活化"利用，例如敦煌"数字藏经洞"的上线使用户能够"云游敦煌"，通过智能交互深入了解敦煌文化。故宫博物院、中国国家博物馆等博物馆相继推出了与藏品互动、智能化讲述文物故事的体验项目。AI 技术的应用也使文创产品制作走向定制化，清华大学曾推出 AI 定制积木，其利用 AI 图像处理技术根据师生上传的照片生成专属积木形象。将数字文创产品融入日常生活场景，能够激发文化和旅游产业的消费活力，弘扬文化价值，最终反哺文化和旅游产业发展。

由于受到地区资源条件和经济状况影响，我国各地文旅基础设施建设和发展程度不一，技术应用水平也存在较大差距，AI 等前沿技术的高速发展非但没有缩小数字鸿沟，反而可能加重这一现象，导致西部、中部、东部地区文化和旅游产业发展更加不平衡。另外，AI 技术虽然为文旅资源开发和文旅产品打造提供了更多可能，但当下仍存在景区建设重复、消费项目形式同质化、过度追求技术运用而忽视地域文化内涵等问题，这不利于文化和旅游产业的可持续健康发展。

AI 技术的应用极大提升了文化生产效率和文化传播效率，丰富了文化消费形式，文化产业价值链正在经历重塑，其各环节都受到 AI 技术的深刻影响。AI 技术也推动了文化业态创新与融合，诸多新兴业态涌现的同时，影视、新闻、出版等传统业态正朝着智能化方向发展。但目前 AI 技术发展仍处于以数据采集分析和创意模仿为主的弱人工智能阶段，复杂语义理解以及多线程任务处理等能力尚且不足，未来有待进一步迈向强人工智能阶段，达到"类脑智能"。

AI 技术给文化产业发展创造时代机遇的同时，也带来诸多风险和挑战。在数据来源方面，AI 训练依赖大量数据，而数据采集过程可能存在侵权问题，主要包括两个方面。一是 AI 训练所使用的文稿、画作、音频等未经版权方授权擅自使用。二是 AI 在用户不知情的情况下收集用户信息，存在侵犯用户隐私和侵害用户知情权问题。

在内容生成方面，AI 算法存在不透明性，导致生成信息的真实性不可控，易加剧虚假信息传播风险。同时，AI 生成内容是基于数据分析得出的结果，缺少情感识别和表达能力。一味追求个性化、定制化信息服务也易加剧"信息茧房"问题。此外，AI 生成内容存在知识产权争议，AI 生成作品是否拥有版权，以及版权归属和利益分配问题尚待解决。

在应用监管方面，当下对 AI 技术应用的监管存在一定的政策法律空白，AI 技术使用不当的现象时有发生，而监管权责划定尚不明确。

针对上述问题，各行动主体可以发挥各自作用，引导 AI 技术融合向好、向善发展。对 AI 技术提供方而言，需要保障 AI 训练数据来源的安全、合理，自觉承担社会责任，降低不良信息生成与传播风险，避免侵权事件的发生。对社会公众，即 AI 技术使用者而言，在人机协同进行内容生产的过程中需坚持人的主体性立场，重视人类所独有的灵感创意、情感价值与自由意志，引导 AI 技术向主流价值靠拢。对政府部门而言，应加快出台相关管理条例及法律法规，从法律层面明确各方责任，规范 AI 技术应用。

## 1.2 AI技术在文化产业中的主要应用方向

随着 AI 技术向 AIGC（Artificial Intelligence Generated Content，生成式人工智能）快速演进，文化产业的生产、传播、分发、消费各个环节都在朝着更加自动化、智慧化的方向发展。AI 作为更加高效、智能的生产力工具，进一步为文化产业全链条赋能，与各专业细分领域深度融合，引领文化产业提质增效和业态创新。尽管 AIGC 的应用目前仍处于初步探索阶段，但已展示出巨大的商业潜力，并与"元宇宙"概念相契合，为文化产业未来发展提供了更多可能性。

### 1.2.1 AI在文化创意内容开发中的方向

#### 垂直领域大语言模型

大语言模型是在大量文本语料库训练基础上进行自然语言处理和文本生成的 AI 系统。与普通的 AI 文本生成系统相比，大语言模型具备一定的上下文学习和逻辑推理能力，能够深度理解复杂语义、文本语境以及潜在情感色彩，生成内容更加连贯、合理。ChatGPT 的问世标志着 AI 生成文本内容的发展进入新的阶段，大语言模型研究成为新趋势，我国企业也相继研发出通用大语言模型，如百度的"文心一言"、阿里巴巴的"通义千问"等，并实际落地使用。随着大语言模型应用场景的拓展，通用大语言模型开始向垂直领域大语言模型发展，深入影视、游戏、新闻、虚拟数字人等行业，结合行业特色生成更加专业化的文本内容，满足不同行业的差异化需求。垂直领域大语言模型也推动着"模型即服务"的商业模式形成，为文化企业的不同业务模块提供针对性 AI 内容生成技术支持，实现降本提效。

#### 3D模型自动转制

AI 绘画的发展使其突破二维平面限制，能够根据文本或 2D 图像智能生成 3D 模型，该模型不仅具有极为真实的图像纹理和几何细节，而且可供建模人员实时编辑调整。3D 模型自动转制可应用于多种场景，例如在影视后期制作中，使特效画面呈现更加逼真的视觉效果，对实际拍摄场景的搭建要求也较传统绿幕拍摄的相关要求有所降低。在游戏建模中运用该技术能够极大降低传统手绘工作量，提升生产效率。此外，随着"元宇宙"从概念走向现实，虚拟场景逐渐成为 AI 技术的重要应用场景。3D 模型自动转制为虚拟场景立体化、全景化呈现奠定了重要基础，不仅能够快速填充大量且多样化的高精度"场景物件"，例如建筑物、生活用品、动物等，还能为虚拟数字人演艺、数字展览等活动的开展提供技术支持，助力虚拟世界影像生成高效化、真实化。

### AI声音生成与配音

AI 算法在对大量语音样本进行分析后能智能生成声音并根据不同应用场景进行配音。AI 声音根据声色特征大致可以分为两类。其一，对真人声音采样以建立个人 AI 声音模型，运用 AI 技术进行声纹分析从而模拟和复刻真人声音。这可应用于使用歌手声音演唱歌曲、运用主播声音播报新闻，以及延用配音演员声音完成剧集制作等场景。其二，AI 可以根据文本指令自动生成符合要求的原创声音。AI 能够提供多种音色和音效选择，同时智能调节语速、说话节奏等，甚至能够传达一定的情绪，虚拟数字人声音合成、语音助手、广告营销等成为有效落地场景。而现阶段，AI 配音在短视频领域应用较广，已有平台为用户提供多款不同腔调风格的 AI 语音包，用户在短视频制作中可根据不同情感倾向自由选择，丰富了视听表达形式。

## 1.2.2 AI在文化产品设计制作中的方向

### AI文本生成视频

文本生成视频，即文生视频是现阶段 AI 技术跨模态转化能力的集中体现和重要发展方向，AI 在语言理解的基础之上能将文本信息转化为视频形式输出。2024 年初，文生视频 AI 大模型 Sora 的发布在业界引发轩然大波，成为视频制作领域的里程碑。Sora 能够根据文本指令生成时长在 1 分钟之内的视频，并且包含不同景别和多镜头角度，画面细节具备高仿真的视觉效果。AI 文生视频极大压缩了视频拍摄、音画剪辑、特效处理的制作周期，降低了视频制作门槛。文生视频技术在辅助宣传片拍摄、短视频制作领域展示出较大的应用潜力，借助该技术，视频制作甚至无须搭建实景或实地拍摄。目前文生视频技术尚处于发展初期阶段，在处理复杂场景方面存在一定的画面缺陷和不稳定性，随着技术的发展其有望处理更复杂的文本指令，生成更长时长、分镜画面更加连贯统一的视频，并进一步实现商业化落地。

### AI游戏场景实时建构

游戏场景是游戏设计的重要部分，AI技术的发展与融合正推动游戏场景制作更加高效、智能，为趣味性和个性化的游戏体验提供基础。一是实现游戏场景画面或模型的实时生成和自动渲染。文生图、图生图以及3D模型自动转制等技术的发展，使AI能够实时生成符合游戏世界观设定的虚拟场景平面示意图或3D全景，同时也使游戏世界无限扩展成为可能，传统游戏地图边界不复存在，得以囊括更多游戏内容，为玩家提供更高自由度的游戏世界探索体验以及更加充实的剧情发展。二是完成NPC、物件等场景内容的实时大量填充，使游戏场景更具真实性。在AI驱动下，游戏场景中的人或物能够根据玩家的不同行为进行差异化交互，不同玩家可能触发不同剧情走向，获得更具拟真性的游戏体验。

### 元宇宙虚拟演艺

由AI驱动的虚拟偶像是虚拟数字人的重要分支，具有巨大的市场潜力，并且能够辐射带动相关产业发展。虚拟偶像作为现实世界与虚拟世界的交互入口，在AI生成技术和元宇宙所创造的新机遇之下，展现出更广阔的发展空间。首先，助力新兴文娱业态形成。元宇宙的实现与AIGC相辅相成，在元宇宙虚拟空间内能使更具想象力的概念创意落地，虚拟偶像能够呈现更具感官冲击力且完成度高的视听演出。其演艺内容也将更加多元化，扩展至影视、戏剧等领域，实现虚拟偶像全能型发展，并具有更长生命周期，提升观众黏性。其次，打造新型商业模式。在虚拟演艺过程中，虚拟偶像能够实现与观众的实时交互，提供更具参与性、在场感的互动体验，从而与观众建立更加紧密的情感连接，带动情感消费。此外，虚拟演艺能够赋能其他行业，例如沉浸式文旅演艺、影视直播、广告等，跨界联动也使虚拟偶像形象IP的商业价值愈加突显。

## 1.2.3 AI在文化信息传播推广中的方向

### AI多样化新闻样态

AI技术的应用不仅极大提升了新闻采编速度，也不断催生出许多新的新闻样态，使新闻内容得以多样化呈现。借助 AI 跨模态生成技术，新闻工作者能将新闻文本转化为图片、短视频等形式输出，使新闻更加形象生动。结合虚拟现实技术，AI 技术还可使新闻画面多维度呈现，用户可以自由选择画面查看角度或放大画面细节，发掘新闻线索。AI 强大的数据收集处理以及算法技术使数据新闻兴起，实现了数据的客观可视化呈现，降低了用户理解难度。随着 AI 技术与新闻业的深入融合发展，未来将会涌现出更多新闻样态，推动智能传播。例如对话式新闻的出现，其以人机对话形式将新闻资讯传送给用户，提供沉浸式对话场景。在该场景下，用户可以自由了解更多事件细节和事实侧面，深度掌握新闻事件；用户也可以自由交流观点，对新闻事件进行讨论，AI 与用户的智能互动将进一步提升传播效果。

### AI融合出版

AI 技术的发展在推动传统出版业向智慧出版转型的基础上进一步走向融合发展，即 AI 技术与出版流程的深度融合，不仅体现为出版产业链各环节的技术变革，同时也体现为出版业与其他领域开展跨界合作。出版业在 AI 技术支持下正焕发新的活力，通过搭建贯通全产业链的智慧出版平台、研发出版领域大模型等方式实现智能化转型升级，将 AI 技术深度融合到选题策划、编辑审校、发行营销等出版环节，提升工作效率和质量。AI 甚至可以独立承担部分编辑工作，在出版细分领域负责不同的业务模块，并且向更加垂直化、精细化的方向发展与融合。此外，AI 技术也使出版不再局限于传统的纸质书籍、刊物，而是具备更加丰富的形式，出现了有声读物、VR 图书等，出版物的趣味性、交互性大幅提升，读者可以与页面互动，获得沉浸式阅读体验。这也助力出版业为其他行业发展赋能，例如出版与文旅跨界融合，使出版物能够更加生动、真实地呈现文旅资源，助力文旅推广。

### AI营销中台

在 AI 技术浪潮下，营销方式也朝着更加智能化、精准化的方向发展，AI 营销中台搭建正成为营销领域新模式。提供营销服务的企业可以利用 AI 营销中台整合现有资源，构建针对不同营销场景的 AI 算法模型，实现多场景营销布局，更好地沟通私域和公域、连接 B 端和 C 端。AI 营销中台可以根据客户品牌市场定位和需求，快速圈定不同媒介渠道所能触达的目标受众，制订有针对性的差异化营销方案，并提供多样化营销形式，例如根据广告素材快速生成并推广短视频、打造品牌形象虚拟数字人与消费者实时互动等。AI 生成内容的协同性还有助于实现跨场景联动营销。此外，AI 营销中台能够自动收集市场反馈信息并进行数据分析,智能优化营销策略,不断自我更新和升级,提升广告投放效果。AI 营销中台正重塑营销业务流程,形成新的内容营销服务生态。

## 1.2.4 AI在文旅业态深度融合中的方向

### 智慧文旅平台搭建

AI 技术与文旅业态的深度融合推动智慧文旅平台搭建,整合全域文旅资源,在文旅大数据采集与分析基础上为游客提供一站式全方位文旅服务[46,47]。智慧文旅平台集出行交通规划、住宿预订、景区预约、精品文旅项目推荐等诸多功能于一体,实现全旅程陪伴。在旅行前,平台 AI 助手通过与游客的智能对话可充分了解其需求,从而提供出行建议,并生成个性化旅游攻略,提高游客旅游决策效率。在旅行中,平台可向游客提供景区智能导览、各景点实时客流状况、紧急情况求助指引等信息,通过实时智能交互提升游客旅行体验。在旅行后,平台可根据游客消费数据和信息反馈,掌握游客偏好和热门趋势,从而及时调整运营策略和文旅服务。智慧文旅平台极大提升了文旅业态的智能化程度,以及文旅服务的精细化和便利化程度。

### 数字孪生景点空间打造

数字孪生为文化和旅游行业发展提供了新的思路,也使旅游体验从现实空间向虚拟空间延伸。利用 AI 技术能够对景点信息进行全方位采集与分析,生成 3D 数字模型,建构虚拟空间数字孪生景点。相较于传统测绘,数字孪生技术极大提高了景点信息采集的准确度和效率,并能发挥更大效用。首先,数字孪生使景点得以在虚拟空间全景呈现,游客可以通过手机、智能穿戴设备等终端进行近距离游览,以及与场景元素智能互动,使旅游体验更具趣味性。其次,数字孪生可以通过叙事设计打造不同主题的虚拟场景,或对历史文化遗址等进行跨时空复原,使游客更好地了解历史建筑、文物等背后的历史变迁和文化故事,提升游客文化认同感,助力地域文化传播。最后,数字孪生以大数据为基础,能够更好地实现文旅资源的动态监测,并为修缮工作提供实时数据支撑,真正做到在开发中保护,促进遗产类文旅景点的长效化运营。数字孪生以虚实相生的文旅场景构建,推动了文旅深度融合发展。

## 文旅资源开发与利用

文旅资源是文化和旅游行业发展的基础,也是文旅特色打造的重要抓手。AI 技术赋能文旅资源开发与利用,为丰富文旅内容供给、创新文旅服务范式、拓展文旅融合空间创造了条件。利用该技术能够对现有文旅资源进行数据采集,建立庞大的资源数据库和数据体系,推动文化和旅游产业数据资源的存储整合与流通共享,进一步释放数据要素价值。此外,使用智能扫描以及 AI 技术,能够将藏品或保护性建筑等以三维模型、高清影像、跨模态数据等形式保存与展示。在文旅资源的"活化"利用方面,利用 AI 算法可对文旅资源的文化价值和经济价值进行分析和评估,并结合应用场景制订针对性开发与利用策略。AI 技术也将辅助探索更多文旅资源落地路径和应用生态,例如交互式文旅沉浸式体验、智能文创研发、文旅品牌 IP 跨界融合打造等,实现文旅资源价值转化。

AI 技术在文化产业中的应用正逐渐从通用技术应用向垂直领域 AI 大模型研发转变,AI 任务处理能力将进一步专业化、精细化,从辅助生产发展到在不同环节独立承担工作任务。此外,AI 技术向 AIGC 技术快速演进,智能生成和跨模态转化能力的深化使 AI 生成内容更加具有可塑性、协同性,实现多场景跨界联动,形成新的文化产业生态,推动产业深入融合。

与此同时,AI 技术在虚拟场景中的应用不断延伸,虚拟数字人、虚拟演艺、虚拟展览等新兴业态进一步突破产业边界,推动文化产业向数字化、智慧化转型升级。随着 AIGC 的不断成熟,作为重要虚拟场景的"元宇宙"也将实现从概念到现实的转化,AIGC 为元宇宙场景创建和场景内虚拟活动开展提供技术基础,未来虚实相融的产业业态将更为丰富,为文化产业发展开拓更多可能性。

然而,目前 AIGC 技术尚处于初级发展阶段,其在文化产业中的应用面临一定挑战。就技术本身而言,AIGC 技术的发展与应用需要有强大的算力支撑,关键核心技术的研发仍有待进一步突破。

就技术应用而言,AIGC 算法运行建立在大规模数据库基础之上,数据整合和流通共享过程对数据安全提出了新的挑战;同时,AIGC 生产的便捷性可能会导致人类创作路径依赖和惰性的产生,使人类特有的创意灵感生成能力退化。AI 的高效率和企业对商业利润的追求相叠加,易导致文化产品生产过度流水线化,对艺术创作造成一定程度冲击,并带来同质化问题。

就社会影响而言，AIGC 的高度智能化使"AI 取代人类"不再是一句空言，从事低端重复性文化生产工作的人员失业率上升，社会结构发生剧烈变动，社会不稳定因素增加。此外，AI 技术发展的不平衡性也将带来新的数字鸿沟。不同立场、不同文化背景的人们使用 AI 技术进行文化内容生产与传播时也易面临不同价值观念的碰撞，价值观冲击与冲突问题加剧。

面对现有挑战，人们需采取多方位治理措施。首先，加大科研投入，大力发展 AI 技术，自研关键核心领域，及时更新升级 AI 训练与生成过程中的数据安全保障措施，牢牢掌握 AI 技术应用自主性和主动权。其次，政府部门和行业组织应明确人工智能研发与应用边界，避免 AI 技术的盲目开发和不当使用，划定各方主体责任。再次，文化产业从业人员应与时俱进提升自身技能水平，重视独特创意与灵感，始终保持其在文化生产与创作中的主体性，并利用合法合规渠道保护自身著作权。最后，重视对通晓 AI 技术和文化产业发展规律的人才的培养，产学研联合，理论与实践并重，打造具备引领未来发展能力的坚实人才队伍。

总而言之，技术始终是中立的，关键在于人类如何引导。AI 时代的到来势不可挡，我们应积极拥抱 AI 技术，坚持正确的主流价值导向，引导技术向善、技术利民，使 AI 技术真正成为文化产业新质生产力，实现我国文化产业高质量发展。

# 1.3 AI技术在文化产业应用中的典型案例

## 1.3.1 AI在文化创意内容开发中的典型案例

### OpenAI开发的聊天机器人模型ChatGPT

2022年11月，OpenAI发布聊天机器人模型ChatGPT，入口如图1-1所示，其一经问世便迅速引发全球热潮，成为AIGC技术发展的里程碑式产品。

图1-1　ChatGPT入口

ChatGPT基于GPT-3.5人工智能模型调整优化而成，连接大量语料库进行训练，具备自然语言处理、上下文语义理解、深度学习等能力，不仅能与用户进行实时对话，还能自动生成小说、剧本、论文、编程代码等多种类型的文本内容。在对ChatGPT的训练中特别预设道德规则，其使ChatGPT对于用户所提出的涉及暴力、色情、歧视等内容的违背社会公德的问题和请求，不会给出有效答案。ChatGPT的功能与局限性如图1-2所示。

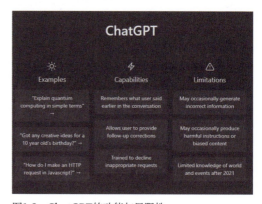

图1-2　ChatGPT的功能与局限性

作为通用大语言模型，ChatGPT在问世之初的核心功能为文本理解与生成，而随着技术的快速迭代升级，ChatGPT的功能逐渐向多模态处理拓展。2023年3月，OpenAI正式推出多模态大模型GPT-4，其支持文本与图片输入，文本输入字数上限提升至2.5万字，且具有强大的图片识别能力。同年11月，ChatGPT还推出了用户自定义版本，官网说明如图1-3所示，用户无须编码即可自行创建用于完成个人特定任务的专属 ChatGPT，并可以公开分享，这推动了 ChatGPT 的个性化、定制化应用。

在 2024 年 5 月 13 日，OpenAI 发布 GPT-4o 模型，界面如图 1-4 所示，其所支持的内容输入形式从文本、图片进一步扩展至语音，也能以文本、图片、语音形式回应用户。语音对话模式现已在最新版本的 ChatGPT 中推出，在实时聊天过程中，ChatGPT 不仅能够做到低延时回应，还能够感知用户情绪，并且输出的语音具有音调、语速等变化，能够传达出一定的情感。用户还可随时打断 ChatGPT，而无须等待 ChatGPT 将内容全部输出完毕，人机交互过程更加贴近真人对话。

图 1-3 ChatGPT 推出用户自定义版本的官网说明

图 1-4 GPT-4o 界面

但受到技术限制以及应用场景的复杂性影响，ChatGPT 仍然存在文本理解不到位、生成虚假信息等问题，且现阶段 ChatGPT 看似具备情感理解和传达能力，但实际上无法理解、分析人类行为的意图与动机。未来，ChatGPT 还将继续升级与完善，而对于其所带来的有关技术伦理、信息安全、版权等方面的新挑战，还需要人类深入思考、积极应对。

## 百度公司知识增强大语言模型"文心一言"

文心一言是百度公司发布的知识增强大语言模型，具有自然语言处理、深度语义理解、多模态内容生成等能力。除进一步强化大语言模型的基础技术之外，文心一言还拥有知识增强、检索增强、对话增强 3 方面的独特优势，能够提供更加全面、高效、准确、合理的内容服务。2023 年 8 月 31 日，文心一言正式面向社会公众开放，网页版用户界面如图 1-5 所示。

如图 1-6 所示，文心一言支持文字、图片、语音形式的输入与输出，可与用户实时对话，根据用户指令进行内容生成、数理推算、理解分析等，适用于内容创作、广告营销、情感陪伴等众多应用场景。截止到 2024 年 10 月，文心一言已迭代至 4.0 版本，逻辑推理与记忆能力显著提升，极大增强了其复杂任务处理能力，以及生成内容的准确性、连贯性。文心一言 4.0 逻辑推理能力测试如图 1-7 所示。此外，文心一言 4.0 还进行了知识点增强，即在输入阶段可将用户提问拆解成不同知识点进行查找，并将找到的知识组装进 Prompt（提示词）送入大模型，而在输出阶段，也可将生成内容拆解成知识点进行检验、确认，对存在的错误进行修正。这在一定程度上使得文心一言能够实现不断学习、自主进化。

相较于国外技术研发更为成熟的同类型产品，文心一言的优势在于中文理解能力，如图 1-8 所示。作为本土研发模型，文心一言采用了更多中文语料进行训练，其对中国文化、中文表达的思维逻辑、语境建构等掌握得更加透彻，更加便于国内用户使用，减少了因文化差异导致的生成内容不适用的情况。但文心一言现阶段也仍然面临训练数据侵权风险、复杂指令理解能力不足、生成内容侵权风险等挑战。

图1-5　文心一言网页版用户界面

图1-6　文心一言多模态生成能力

图1-7　文心一言4.0逻辑推理能力测试

据统计，截至 2024 年 7 月，文心一言累计用户规模达 3 亿，日调用次数达 5 亿。如此大体量的用户规模能够极大推动模型的改进与完善，为优化体验提供真实反馈与发展建议。文心一言具有广阔的应用前景与发展空间，随着大模型技术的不断成熟，其还将与更多领域深度融合，赋能行业转型升级。

图1-8　文心一言的中文理解能力

## 蓝色光标一键生成抽象画平台"创意画廊"

2022 年 11 月，蓝色光标集团旗下销博特发布创意画廊一键生成抽象画平台，也称"康定斯基模型"，首页如图 1-9 所示。这标志着销博特小蓝博 APIs 生成能力从原有的 AI 写作领域进一步拓展至 AI 绘画领域。

不同于 AI 绘画模型生成作品的写实、动画等主流风格，创意画廊生成画作风格类似于"热抽象"画派大师康定斯基的个人画风，即突出运用点、线、色彩等绘画语言表达出情绪、意念、感觉等抽象的内容。创意画廊部分生成画作如图 1-10 所示。为使生成画作更符合用户预期，创意画廊对现有热抽象画作风格进一步细分为表现主义、立体主义、羽化等多种风格，用户可在"创意广场"中自主选

图1-9　创意画廊首页

图1-10　创意画廊部分生成画作

图1-11　"创意广场"作画风格选择

用作画风格，如图1-11所示。在选定风格后，用户只需输入文本描述或上传图片，即可在6分钟内获得一幅"康定斯基式"的抽象画作。

创意画廊基于GAN（Generative Adversarial Network，生成对抗网络）模型和算法能力，可对用户输入文本或上传图片进行画面元素、用户情绪的识别和提取，并展开画面联想。之后基于已有的设定模板整合信息，以风格化形式生成符合用户需求的画作。创意画廊生成画作更加偏重于情感表达，可为用户带来不同的艺术体验与应用场景。

创意画廊作为蓝色光标AIGC业务布局的一个产品模块，为蓝色光标的智能营销转型提供了助力，其能极大提升营销海报制作效率，成为有力的生产力工具，推动了AI绘画在更多商业场景落地应用。

## Stability AI的Stable Diffusion：AI绘画进入个人消费级市场

2022年8月，Stability AI正式推出文生图AI工具Stable Diffusion并免费开源，其在大多数适用GPU（Graphics Processing Unit，图形处理单元）的计算机上即可运行，普通大众也可轻松满足使用条件，极大降低了使用门槛，推动AI绘画从专业服务进入个人消费级市场。Stable Diffusion一经发布便吸引了大量用户体验，也让Stability AI迅速崛起为行业新秀。Stability AI官网界面如图1-12所示。

Stable Diffusion的核心功能是根据文本提示词自动生成图片，且图片具有多种风格和高分辨率，即使非专业人士也可使用它实现自由创作，并可将生成图片用于商业领域。Stable Diffusion生成图片如图1-13所示。之后随着模型的快速迭代升级，Stable Diffusion在图片生成质量、细节纹理处理、稳定性等方面也不断提升。

2024年2月，Stability AI发布了新版本的Stable Diffusion 3模型，其采用了与文生视频工具Sora类似的DiT（Diffusion Transformer）架构，可更好地处理文本与图片之

图1-12　Stability AI官网界面

图1-13　Stable Diffusion生成图片

间的关系，实现更加准确、稳定的跨模态生成。在性能方面，Stable Diffusion 3 对于文本提示词的理解更为准确，图片生成速度更快，并且可在手机、平板电脑等多种移动设备上使用，满足更多应用场景的使用需求。在图片生成质量方面，相较于现有同类型产品，Stable Diffusion 3 在视觉效果、图文排版、字体嵌入、文字渲染等方面具有更加出色的表现，如图 1-14 所示。

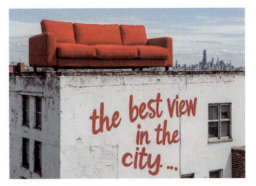

图1-14  Stable Diffusion 3生成图片

此外，Stable Diffusion 3 不仅支持自然语言输入，还能处理包含诸多主题的复杂文本提示词，如图 1-15 和图 1-16 所示。例如在图 1-16 的来自官网的示例图片中，Stable Diffusion 3 将"宇航员""穿芭蕾舞裙的小猪"

图1-15  Stable Diffusion 3支持自然语言输入

图1-16  Stable Diffusion 3多主题文本提示词处理结果

"粉色雨伞""戴礼帽的知更鸟"等多个主题自然整合在一张图片之中,令人眼前一亮。用户可借助 Stable Diffusion 3 自由生成更具想象力的图片,实现更加多样、独特的创意想法。

Stability AI 在 2024 年 6 月将 Stable Diffusion 3 Medium 模型开源,又于 7 月宣布允许商业化,用户可使用该模型进行数据微调、开发 AIGC 应用等。这进一步为内容生产的提质增效,以及 AI 绘画领域的长足发展带来了新的可能。

### 三七互娱的美术设计中台"图灵"

三七互娱是国内最早开始探索 AI 应用的游戏厂商之一,经过多年系统性战略布局,其率先实现了游戏研、运全链路的 AI 深度赋能,将 AI 应用嵌入创意、研发、发行、运营全过程。三七互娱 AI 应用介绍如图 1-17 所示。

图1-17　三七互娱AI应用介绍

三七互娱游戏业务架构及中台部署如图 1-18 所示。在游戏研发端,2D 美术部分最先受益于 AI 深度赋能。随着 AI 技术向 AIGC 阶段演进,三七互娱将自研美术设计中台

图1-18　三七互娱游戏业务架构及中台部署

"天工"升级为"图灵",使其积累的美术资产的可视化和灵活调用能力得到增强,设计人员能够更加便利地针对项目需求训练美术模型和进行风格探索。

图灵系统具备文生图、图生图、局部重绘、智能拓图等多种功能,目前已逐步落地应用于游戏角色原画绘制、场景绘制、UI(User Interface,用户界面)设计等美术制作场景,极大提升了美术资产复用率和制作效率。设计人员通过输入文本提示词即可让AI生成一系列符合要求的概念原型,既能激发创意灵感,又能直接在生成图片的基础上对其进行调整、使用。借助图灵系统,设计人员还可以快速实现图片延展、抠图等画面细节修改操作。据三七互娱集团副总裁、CTO(Chief Technology Officer,首席技术官)朱怀敏介绍,在角色原画绘制环节,三七互娱已经开始全面实施由AI制作2D美术的新流程,它的运行平均可节省60%~80%的工时。

此外,图灵系统也可应用于发行端的素材制作,其具备的"风格迁移"功能可以快速改变美术风格,例如将真人广告视频转化为3D卡通风格视频。并且原本需花费一周多的时间完成这一工作,在AI技术助力下如今只需几秒即可完成。AI全链路赋能三七互娱如图1-19所示。

美术设计是游戏制作的重要部分,AI技术的嵌入有效减少了设计人员的重复性工作,更大限度地释放其创意空间,助力设计人员工作效率的提升以及对多样化游戏形态和美术风格的探索。

图1-19　AI全链路赋能三七互娱

## 昆仑万维旗下天工SkyMusic:公开可用的AI音乐生成大模型

2024年4月17日,昆仑万维正式宣布天工SkyMusic音乐大模型开启公测,面向全社会免费开放。昆仑万维官网天工AI音乐生成网页界面如图1-20所示。

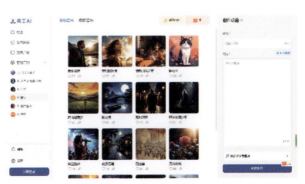

图1-20　昆仑万维官网天工AI音乐生成网页界面

天工 SkyMusic 基于昆仑万维"天工 3.0"超级大模型，采用类 Sora 模型架构，其中 Large-scale Transformer 负责谱曲，Diffusion Transformer 负责演唱。与 AI 音乐领域主流选择的符号音乐生成技术路线不同，天工 SkyMusic 采用了技术难度更大的大模型音乐生成技术路线，这一路线通过大模型技术直接实现乐器、人声、旋律等端对端一体化生成，全球只有少数顶尖技术团队探索这一路线。天工 SkyMusic 的研发与成功应用是 AI 生成音乐领域的重要技术突破，极大提升了 AI 生成音乐的可用性，并且其模型原理图的公开也为整个行业的发展提供了参考。天工 SkyMusic 模型原理图如图 1-21 所示。

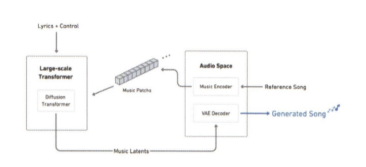

图1-21 天工SkyMusic模型原理图

天工 SkyMusic 极大降低了音乐创作的门槛，也为专业音乐创作者提供了有力的辅助工具。"天工 AI" App 音乐生成界面如图 1-22 所示。其音乐生成操作步骤十分简便，用户可在输入歌词或选择 AI 写词后直接生成歌曲，也可以添加参考音乐，以生成曲风、唱法、音色相似的歌曲。其支持生成时长为 80 秒、采样率为 44100 赫兹的双声道立体声歌曲，以及说唱、民谣、放克、古风等多种音乐风格的歌曲。天工 SkyMusic 还能够根据歌词段落的不同情绪变化在生成歌曲中表现出情感起伏，并使用颤音、吟唱、和声等演唱技巧实现情感表达。相较于国外已有的同类型产品，天工 SkyMusic 具备一定的独特优势，其人声演唱的中文发音更为清晰准确，能够将中文歌词的韵味和丰沛情感精准传达。此外还支持粤语、四川话、北京

图1-22 "天工AI"App音乐生成界面

话等方言歌曲生成，为用户提供了更多选择和更具趣味性的音乐生成体验。

音乐人声情感表达仍是天工 SkyMusic 探索的重要方向，在后续模型迭代升级过程中，歌词理解和智能表达能力还将进一步增强。

## 腾讯XMusic：自研AI通用作曲框架

在 2023 年 7 月举行的世界人工智能大会上，腾讯多媒体实验室展出了自研 AI 通用作曲框架 XMusic，并获选"镇馆之宝"，如图 1-23 所示。

XMusic 是个支持将各个模态作为输入提示词的通用作曲框架，可满足"商用级的音乐生成能力要求"。XMusic 作曲框架如图 1-24 所示。XMusic 以 AIGC、多模态和序列建模技术为基础，支持文本、标签、图片、视频、音频等多模态内容输入。XMusic 在接收指令后会对输入内容本身、情感倾向及适合的曲风类型进行全面解析，同样会针对细分音乐类型的韵律和音符做相应解析，并以此为创作的控制条件，引导音乐模型智能生成符合要求、旋律连贯、具有节奏变化的高质量音乐。即使不具备任何乐理知识的用户也能够利用 XMusic 创作出个性化的完整音乐。

XMusic 致力于打造"行走的音

图1-23　腾讯XMusic获选2023世界人工智能大会"镇馆之宝"

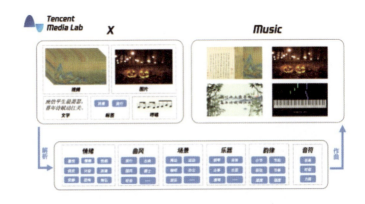

图1-24　XMusic作曲框架

乐库"，满足和适应不同用户的差异化需求以及多样化应用场景。在视频创作方面，XMusic能够为视频创作者解决视频剪辑过程中的配乐难题。在场景音乐方面，XMusic可有效解决传统商超、会所、展厅等场所使用环境音的音乐版权问题，为此类场所生成大量贴合情境的可用环境音，提

图1-25　XMusic在2023世界人工智能大会上展出

供多种智能音乐方案。在音乐教学方面，教师可借助XMusic生成多样的节拍、节奏、音高练习曲目，为学生制订更具针对性的演奏、练耳等音乐训练。此外，XMusic在互动娱乐、音乐治疗等场景中也具备较高的实用价值。XMusic在2023世界人工智能大会上展出如图1-25所示。

XMusic目前尚未面向社会公众开放，其商业化落地主要依托腾讯云的智能音乐产品，为广大B端用户提供API（Application Program Interface，应用程序接口）服务。未来，腾讯多媒体实验室将继续"打造音视频、互动沉浸和智能媒体核心能力矩阵"，通过自建业务平台服务更多用户，助力行业发展。

## 出门问问旗下AI配音平台"魔音工坊"

2020年，出门问问推出了我国首款AIGC技术商业应用——AI配音平台魔音工坊，官网界面如图1-26所示。

用户只需导入需要配音的文本，即可通过类似Word文档的简便编辑方式，生成贴合文本情境的音频。魔音工坊支持校正多音字发音、添加背景音、调节语

图1-26　魔音工坊官网界面

速等功能，并且能为同一篇文章中的不同角色搭配不同声音。经过多年发展，魔音工坊的声音资源不断丰富，目前已拥有包含多种方言、外语在内的上千款声音风格。

随着AI技术的不断发展，在2023年出门问问推出了具有多模态生成能力的升级版

自研大模型"序列猴子",该模型支持文本生成、图片生成、语音识别、语音合成等多种功能。得益于核心底层技术的迭代升级,魔音工坊进一步拓展了应用边界,成为全球首款搭载大模型 AI 写作功能的 AI 配音平台,能够覆盖 AI 配音、AI 写作、AI 剪辑等多种场景,为短视频、有声读物、新闻播报等内容创作提供文案、配音、剪辑一站式 AI 技术支持,如图 1-27 所示。

图 1-27　魔音工坊一站式 AI 技术支持

此外,魔音工坊还新增了"捏声音"功能,如图 1-28 所示。其既可以根据用户直接输入的文本描述自动生成符合需求的声音,也可以通过用户所设置的性别、年龄、风格、情绪等参数生成相应声音,极大缩短了用户在庞大声音资源库中寻找适用声音风格的时间,提供了更加自由的声音选择。

图 1-28　"捏声音"功能根据文字描述生成声音

同年,魔音工坊海外版"Dup-Dub"上线,官网界面如图 1-29 所示,其面向全球 40 多个国家和地区提供服务。DupDub 能够为用户提供声音编辑、语音转录、字幕对齐等功能,并且基于超写实语音合成技术能够实现 3 秒克隆人声,成为 YouTube、Instagram 等平台创作者的有力辅助工具。

图 1-29　魔音工坊海外版"DupDub"官网界面

但值得注意的是,AI 配音仍存在不容忽视的侵权风险。在我国首例"AI 声音侵权案"中,原告主张被告魔音工坊未经授权擅自使用真人声音开发 AI 声音模型,2024 年

4月一审判决中宣判魔音工坊侵权行为成立。对于 AI 配音，未来人们还需加强在真人声音 AI 化、声音克隆等方面的版权意识，使用相关工具时保持谨慎态度。

# 1.3.2  AI在文化产品设计制作中的典型案例

### OpenAI的Sora文生视频大模型

2024 年 2 月 16 日（美国当地时间 2 月 15 日），OpenAI 公司正式对外发布 Sora 文生视频大模型，官网界面如图 1-30 所示。

图1-30  Sora官网界面

Sora 可以根据文本指令智能生成最长 60 秒的视频，支持不同画幅比例与分辨率，同一视频内能够包含多个角色、不同景别和镜头视角，以及特定类型运动，并且能够保持视觉风格统一。Sora 生成视频的截图及提示词如图 1-31 所示。此外，Sora 还具备衔接两个不同视频、向前或向后拓展现有视频、填充视频元素，以及智能填补缺失画面帧等多种功能。

官网发布的技术报告中对 Sora 的定位为 "Video generation models as world simulators"（作为世界模拟器的视频生成模型），部分技术报告如图 1-32 所示。Sora 生成的视频内容能够模拟真实世界场景与物理

图1-31  Sora生成视频的截图及提示词

规律，具有高拟真性，画面内容与细节准确、逼真。

Sora 的发布被认为是通用人工智能技术发展史上的又一个里程碑。其极大提升了视频制作效率，降低了拍摄成本，在影视制作、广告拍摄、短视频制作等领域具有广阔的应用前景。目前，Sora 在 MV 制作、商业广告制作等领域已进行了初步探索。Sora 为 Toys "R" Us 制作的商业广告如图 1-33 所示。但 Sora 存在一定的局限性，例如对于复杂场景处理能力不足，难以理解因果关系等问题导致生成场景空间细节混淆、动作轨迹不合常理，等等。

随着文生视频技术的不断成熟，Sora 有待进一步商业化落地，成为视频制作领域的变革性力量。

图1-32　Sora部分技术报告

图1-33　Sora为Toys "R" Us制作的商业广告

## AIGC视频制作软件Pika 1.0

美国时间 2023 年 11 月 28 日，Pika Labs 宣布旗下 AIGC 视频制作软件 Pika 1.0 正式开放早期测试版，官网界面如图 1-34 所示。该应用上线一周即拥有 50 万用户，每周可生成数百万个视频，其在掀起 AI 热潮的同时也引发了资本市场的高度关注。到 2023 年 12 月，Pika Labs 已融资 3 轮，公司估值超 2 亿美元，展现出广阔

图1-34　Pika 1.0官网界面

的商业发展前景。

Pika 1.0 的易用性与生成质量在同类型应用中居于前列。Pika 1.0 可根据用户输入的文本提示词或图片自动生成3D动画、电影等多种风格的视频，如图1–35所示。

图1-35　Pika 1.0根据文本提示词生成视频画面

除此之外，Pika 1.0 还支持视频延长、风格转化、画幅比例更改等功能，并能够实现画面扩展，即根据视频原有内容推测超出原有画面边界的场景内容，智能补充视频画面，如图1–36所示。Pika 1.0 便捷的视频编辑功能广受用户欢迎，成为助力其在同类产品中脱颖而出的独特优势。在生成视频的基础上，用户通过选

图1-36　Pika 1.0实现画面扩展

定局部区域便可进一步修改视频细节，例如进行人物换装、增减画面物品等。用户还可以上传自己的视频，使用 Pika 1.0 进行编辑或场景替换。

Pika 1.0 生成的视频具有较高画质，以及较为流畅的动态效果。在官方演示视频中有一段埃隆·马斯克身穿宇航服准备去往太空的3D动画，如图1–37所示，这是根据"Elon Musk in a space suit, 3d animation"（埃隆·马斯克穿着宇航服，3D动画）

图1-37　Pika 1.0官方演示视频

文本提示词所生成的，其中人物外形、神态和场景元素等十分逼真，视频片段具有高清晰度与连贯性，呈现效果不输传统人工制作动画的呈现效果。

Pika Labs 曾表示："我们对 Pika 的愿景是让每个人都能成为自己故事的导演，并激发出我们每个人的创造力。"尽管目前 Pika 1.0 在生成视频的稳定性、指令理解等

方面仍存在一定的不足,但随着 AI 技术与多模态技术的跃升,Pika 1.0 有望在更多应用场景落地,帮助人们将想法和创意及时可视化呈现,为内容创作提供更多新的可能。

## "中影·神思":影片AI修复

"中影·神思"由国家中影数字制作基地自主研发,是国际上首个具备通用性的人工智能图像处理系统。该系统应用可辐射影视全产业链,提供画质增强、影片自动修复、黑白电影上色、自动抠像补像等技术支持。"中影·神思"概念图如图1-38所示。

图1-38 "中影·神思"概念图

影片修复涉及一整套复杂工序,通常包括胶片扫描、视频补帧、画面调色、分辨率提高等多个步骤,使影片达到播放更为流畅、画质更为清晰的效果。传统人力修复一部电影的时间短则几周,长则以年为单位,需后期制作人员花费大量时间和精力,如1934年公映的经典电影《渔光曲》的修复用了近两年时间。而"中影·神思"系统的引入能极大缩短与降低修复一部电影的时间与成本,其基于 AI 神经网络深度学习,可自动识别画面脏点、划痕,并对影片进行智能补帧、增加画面细节等,其可以替代人工完成修复过程中大量重复性工作。"中影·神思"智能修复效果如图1-39所示。

图1-39 "中影·神思"智能修复效果

此外,"中影·神思"系统的应用也使许多以前单靠人工无法修复的经典老片具备了修复的可能性，例如有效解决了 1949 年首映电影《桥》画面重影的修复难题。目前，"中影·神思"已成功完成《厉害了，我的国》《马路天使》《亮剑》等多部影视剧的画面增强和修复工作，如图 1-40 和图 1-41 所示。

图1-40　"中影·神思"智能修复《厉害了，我的国》画面

同时也需要认识到，影片修复不仅与技术发展密切相关，其更是一门艺术，需遵循"修旧如旧"的原则，即在保持老片原始质感的基础上提升视听效果。但在这一方面，"中影·神思"尚无法完全取代人力，影片 AI 修复仍存在色彩还原不准确等不足，在实践中需要人工的进一步调整。

图1-41　影片《马路天使》由"中影·神思"完成上色

电影工业的发展始终受到技术驱动，以"中影·神思"系统为代表的 AI 技术的实际应用与迭代发展极大提升了我国数字制作的国际竞争力，为我国电影工业未来高质量发展提供了更具可能性的技术基础。

# 《犬与少年》：首支AIGC技术辅助制作的发行级商业动画短片

2023 年 1 月 31 日，Netflix 发布了首支 AIGC 技术辅助制作的发行级商业动画短片《犬与少年》，如图 1-42 所示。这支不到 4 分钟的短片讲述了一只机器狗与一位少年相遇，共同度过了一段相互陪伴的温馨时光，但随着战事爆发，应征入伍的少年无奈与机器狗分别，机器狗苦等数十

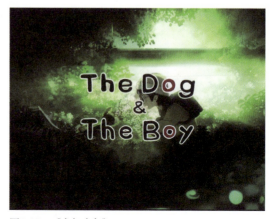

图1-42　《犬与少年》

载终于重逢已是白发老人的少年的故事。

该短片是 Netflix 动画创作者计划的第一支作品，由 Netflix 与小冰公司日本分部（rinna）、WIT STUDIO 共同创作而成。动画的场景绘制工作采用了由 rinna 开发的 AIGC 技术辅助完成，不仅极大简化了动画制作流程，而且具有较高生成质量。空旷草地、樱花围绕的电车站、被战争摧毁的城市等背景与手绘人物画风融合得十分自然，展现出十分典型且浓郁的日本动画风格，如图 1-43 所示。

图1-43　《犬与少年》剧情画面

制作团队在动画短片结尾揭示了 AIGC 技术辅助场景制作的大致过程，如图 1-44 所示。首先由画师初步手绘场景分镜，之后将设计图稿交由 AIGC 自动填补画面细节并进行优化处理，最后由画师在 AIGC 生成基础上进行调整，从而形成场景成稿。AIGC 技术的应用将画师从烦琐的制作流程中解放出来，极大提升了动画制作效率，正如《犬与少年》导演所言，"让最新技术成为自己的伙伴，就能确保创作者有足够的时间回归到他需要做的根本性、创造性工作。"

尽管 AIGC 生成画面质量与传统手绘画面质量仍然存在一定

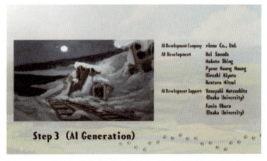

图1-44　《犬与少年》结尾AIGC技术辅助制作提示

的差距，并且AIGC技术暂时无法替代人类导演和编剧进行故事情节编创，但《犬与少年》已显示出AIGC技术应用于动画制作流程的巨大优势，同时该短片也是AIGC技术在动画制作领域商业化落地的一次开创性探索，揭开了动画产业发展的未来新篇章。

## 元境：面向云游戏时代的研运一体化服务平台

元境是由阿里巴巴创立的面向云游戏时代的研运一体化服务平台，致力于提供云游戏PaaS（Platform as a Service，平台即服务）能力和开发者平台，官网首页如图1-45所示。其基础设施及技术支持覆盖云游戏研发、运行、增长等多个环节，帮助游戏开发商及发行平台降低游戏研运成本，触达更多潜在玩家。

图1-45 元境官网首页

依托自主研发的实时高清串流、云游戏容器、云边协同弹性调度等关键技术，元境能够极大提升游戏的质感、沉浸感、互动性，还可让游戏在不同平台之间移植，实现计算机、手机等多端互通，并且让玩家"即点即玩"，无须下载游戏安装包。这使得游戏多平台上线进程加快的同时成本大幅降低，玩家群体也能进一步扩大。元境面世后迅速成为云游戏产业的领军品牌，为米哈游的《云·原神》、网易的《逆水寒》、360游戏的《战舰世界》、灵犀互娱的《三国志·战略版》等诸多游戏厂商和品牌提供过定制化跨端移植方案，提升了玩家游戏体验，推动了游戏精品化发展。元境云游戏服务如图1-46所示。

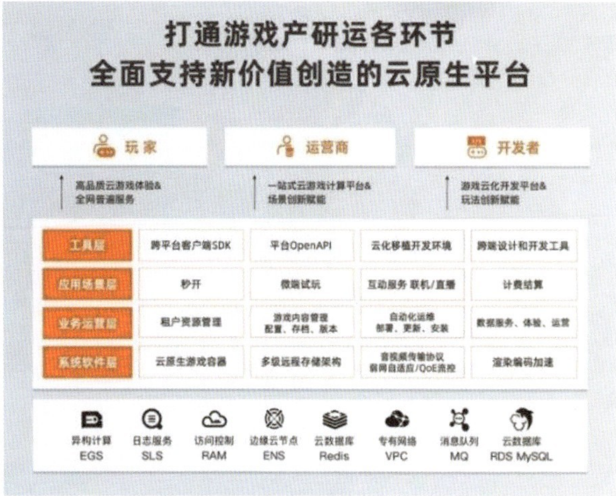

图1-46 元境云游戏服务

阿里巴巴的元境团队将云游戏视为元宇宙的起点，积极推动云游戏技术的跨行业应用，从云游戏出发助推元宇宙概念走向现实。目前，元境的技术服务已从云游戏扩展到更多应用场景，涉及文旅、电商、营销、工业等领域。元境延续游戏化思维和跨端模式，以实时云渲染、实时云流等主要核心技术为支撑，以阿里云的强大算力为保障，将传统

图1-47　元境博域与西安博物院合作打造虚拟体验空间

的线下服务与线上平台相结合，突破现实场景与虚拟空间界限，打造虚实共生、生态互通的商业新模式。以文旅领域为例，元境打造了"元境博域"这一文旅元宇宙子品牌，该子品牌曾与西安博物院合作打造虚拟体验空间，如图1-47所示，进行叙事设计，使游客能与文物互动，深入了解历史故事。

元境在云游戏行业的实践经验为其他行业的元宇宙建设提供了参考，并且云游戏领域的实时互动、运营工具、分布式渲染等技术也为元宇宙建设奠定了坚实基础。阿里巴巴的元境元宇宙产业体系搭建如图1-48所示。未来，元境将进一步助推产业数字化转型升级，探索元宇宙产业生态的初步形成。

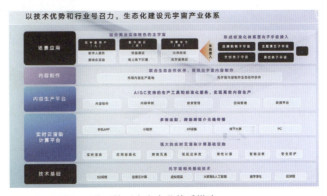

图1-48　阿里巴巴的元境元宇宙产业体系搭建

## 网易《逆水寒》手游：实装国内首个游戏GPT打造智能NPC

2023年2月，网易旗下开放世界手游《逆水寒》宣布实装国内首个游戏GPT，主要应用于智能NPC打造，官方宣传图如图1-49所示。基于网易伏羲AI技术支持，并通过大量武侠小说、诗词歌赋、历史典籍等语料预训练，智能NPC能够实现与玩家智能

交互，并且其语言和行为贴近游戏时代背景——宋代，营造更为真实的"宋代江湖"。

如图1-50所示，游戏中每位智能NPC的观念与行为总体上遵循游戏世界观设定，但都拥有自己独特的性格、喜好、行事风格，因此玩家的同一行为会触发不同智能NPC的差异化反应。玩家可以通过文字与语音两种方式实现与智能NPC实时交流。智能NPC的言语、神态、行为、语音等均由AI自动生成，具体反应取决于其个性和当下情绪，玩家也可以通过"望气"技能了解到有关智能NPC的个人信息，从而采取不同的交际方式。

智能NPC自身具有成长性，并且具备记忆，能够根据玩家的历史交互记录发展出深浅不一、喜恶各异的人际关系。对于交好的玩家，智能NPC会大方赠送其所拥有的道具，帮助玩家通关游戏"副本"等，成为玩家在游戏世界中的同伴。如图1-51所示，

图1-49　《逆水寒》手游官方宣传图

图1-50　《逆水寒》手游智能NPC

图1-51　玩家与智能NPC交互画面

智能NPC甚至会主动与玩家互动，发展人际关系，并且智能NPC之间也能够相互交流，甚至相互影响。智能NPC彻底摆脱了传统游戏预先设定脚本和模式化行为的限制，使游戏世界无限接近于一个虚拟社区，极大提升了游戏的可玩性和趣味性。

随着AI技术的快速发展和与游戏的深度融合，《逆水寒》在新赛年也推出了更多功能。2024年6月发布的游戏公告中显示，智能NPC将拥有更高"双商"，交互内容更为丰富。玩家角色也将支持更为自由和详细的"赛博人格"定制，玩家离线期间，角色可在AI技术支持下自主安排活动，智能探索游戏世界。离线交互倾向功能如图1-52所示。

尽管游戏内 AI 训练仍处于初级阶段，但《逆水寒》作为国内第一款玩家真正可玩的 AIGC 支持游戏，其创新尝试为未来游戏发展带来了更多可能。

图1-52　离线交互倾向功能

## 阿里大文娱自研虚拟数字人偶像"厘里"：国内首位数字演员

2022 年 8 月，阿里大文娱超写实数字人厘里（Leah）发售首个原创数字藏品正式出道，这既是阿里大文娱产业布局的创新尝试，也为我国文娱行业注入了新的活力。厘里形象如图 1-53 所示。

图1-53　厘里形象图

自出道以来，厘里已解锁演员、歌手等多重身份，并通过代言、直播等形式与众多品牌或 IP 进行了跨界联动，突破虚实、时空界限，展示出虚拟数字人发展的多种可能性。

在影视领域，厘里在电视剧《异人之下》中饰演"二壮"一角，成为国内首位参演真人剧集的虚拟数字人，如图 1-54 所示。参演真人剧集之后，厘里又涉足综艺领域，在《盒子里的猫》中化身出题官与嘉宾互动，成为国

图1-54　厘里参演真人剧集《异人之下》片段截图

内首位录制真人秀综艺的虚拟数字人。除此之外，厘里还参与了纪录片《万物经济学》的制作，如图 1-55 所示。

在音乐领域，厘里曾发布原创单曲和MV，在2022年底举行的RateLand元宇宙虚拟跨年演唱会上正式以歌手身份亮相，并在2023年入驻网易云音乐平台。

在商业代言方面，厘里目前已担任过美国MLB（Major League Baseball，职业棒球大联盟）、Netflix的《竞技星球》、阿那亚海浪电影周的推广大使或推荐官，还与多个知名美妆品牌、华为手机营销联动，不断展示出其作为虚拟艺人的商业价值。厘里商业代言海报如图1-56所示。

据官方信息，厘里已接入大语言模型"通义星尘"，是国内首个能无限制自由对话的虚拟数字人。通义星尘较通用模型而言具有深度定义人设、多形式互动、与用户深度链接等独特优势。基于此，厘里能够实现更加自然流畅的实时语言交互与情感传达，与粉丝建立更深层次的情感连接。通过大量训练，厘里的面部表情、语言对话、行为动作等都趋向高度拟人化，也将在更多领域有更出色的表现。

图1-55　厘里参与纪录片《万物经济学》的制作

图1-56　厘里商业代言海报

## 创壹科技旗下虚拟美妆博主"柳夜熙"

柳夜熙是创壹科技打造的虚拟美妆博主，于2021年10月31日在抖音短视频平台发布第一支短视频，账号主页如图1–57所示，该账号在24小时内涨粉超100万，获赞超200万，成功"出圈"，高调"出道"。柳夜熙发布的首支短视频画面如图1–58所示。

图1-57　柳夜熙抖音短视频平台账号主页

柳夜熙是虚拟数字人在短视频领域的首次尝试，其定位为"一个会捉妖的虚拟美妆达人"，以美妆这一细分领域为切入点，其视频内容融合了科幻、悬疑、玄幻、中国风等诸多风格，虚实共生，充满想象力和吸引力。此外，柳夜熙面世之际，正值"元宇宙"概念大火，其首支短视频也带有"元宇宙"的话题标签，进一步引发大众关于元宇宙的热议和想象，如图1–59所示，话题"当美妆遇上元宇宙"当即登上抖音热榜，更抬高了柳夜熙的热度。

柳夜熙形象设计之初，制作团队便从构建元宇宙观着手，尝试借助虚拟数字人呈现元宇宙世界，并引入有关人性与哲学的更深层次思考。柳夜熙作为创壹科技元宇宙数字人布局的第一步，其首支短视频也成为观众了解元宇宙观的入口，"现在，我看到的世界，你也能看到了"这一文案引发观众的无限遐想。柳夜熙之后发布的短视频内容，以及短剧《地支迷阵》则在不断地丰富元宇宙世界观，强化形象设定。短剧《地支迷阵》的宣传海报如图1–60

图1-58　柳夜熙发布的首支短视频画面

图1-59　"当美妆遇到元宇宙"登上抖音热榜

所示。尽管柳夜熙存在的虚拟世界存在妖异、超能力、未来科技等幻想元素，但运行逻辑仍以人性、情感为支撑，柳夜熙发布的大多数内容以剧情向、情感向为主，能够引发观众共鸣从而与观众建立更为牢固的情感连接，拉近虚实距离。

但随着元宇宙热潮的回落以及大量虚拟数字人的涌现，柳夜熙的热度也受到了一定的冲击，例如之后推出的《AI谜局》短剧数据表现大不如前，视频引发的有关元宇宙的讨论热度大减。就目前而言，关于元宇宙的概念认知和实践仍处于探索初期，落地实现还有待长期的技术发展及共识的建立。

图1-60　短剧《地支迷阵》的宣传海报

## 1.3.3 AI在文化信息传播推广中的典型案例

### 人民日报创作大脑AI+

图1-61　"人民日报创作大脑AI+"官网界面

2023年10月，人民日报社发布"人民日报创作大脑AI+"，官网界面如图1-61所示。该产品集大模型、自然语言处理、计算机视觉、音频语义理解、图像识别等多项人工智能技术于一体,赋能媒体从业者的内容创作及协作,进一步推动 AI 技术与媒体内容生产的深度融合。

图1-62　"人民日报创作大脑AI+"的智能服务

"人民日报创作大脑 AI+"可提供短视频摘要生成、视频声画分离、智能标签快剪等多种智能工具,以及智能媒资、智能生产、智能云剪、智能协作、互动视频五大主要内容创作智能服务,如图 1-62 所示。该平台可应用于多种媒体业务场景,借助平台技术,创作者可实现海量创意素材共享,并为图片、视频、音频等的内容生产助力,还可与团队实时云端协作,促进内容生产提质增效,以及工作模式的优化升级。

图1-63　"人民日报创作大脑AI+"全息采录眼镜及功能

在 2024 年全国两会报道中,"人民日报创作大脑 AI+"又有全新尝试,"人民日报创作大脑 AI+"全息采录眼镜成为与会记者的得力采编助手,如图 1-63 所示,其支持人脸识别、AI 语音交互、实时直播流发起等功能。

"人民日报创作大脑 AI+"全息采录眼镜可通过人脸识别帮助记者准确锁定采访对象,并在镜片上实时显示采访对象的相关身份信息,使记者提问更具针对性。在采访过程中,该全息采录眼镜可根据问答内容自动生成速记,对所提及的关键信息进行智能搜索，方便记者及时补充了解相关资料，进而与采访对象展开深度对话。此外，该全息采录眼镜还支持发起现场直播，通过联动"人民日报创作大脑 AI+"，后台编辑可同步看到眼镜拍摄画面，与此同时运用平台提供的多种 AI 工具高效生成多种新媒体产品用于在不同平台进行分发，实现从采访拍摄到内容发布的全流程工作一站式完成。

"人民日报创作大脑 AI+"的应用在很大程度上推动了媒体内容制作的自动化、智能化、协同化、高效化，为媒体生产提供了全方位技术支持。

## 新华社音视频新闻编辑部的AIGC应用创新工作室打造"AIGC说真相"栏目

2023 年 8 月，新华社音视频新闻编辑部成立 AIGC 应用创新工作室，并打造了"AIGC 说真相"（AI Footage）栏目。截至 2024 年 12 月，该栏目共发布 18 篇新闻，这些新闻在新华社客户端的浏览量总计超 1600 万次。

"AIGC 说真相"栏目的每篇新闻配有时长不到两分钟的视频短片呈现报道内容，短片画面、解说、视频均由 AIGC 生成，如图 1-64 所示。该栏目在 2023 年 8 月 12 日发布的第二期新闻短片中首次利用 AIGC 直接生成动态视频，为读者提供了更为连贯、生动的视觉效果。

图1-64　"AIGC说真相"栏目新闻短片AI生成画面

早前，新华社曾推出过能够收集并分析数据、自动生成新闻稿件的国内首个 AI 新闻写作系统"快笔小新"，也曾打造虚拟主播进行新闻播报，并在大型赛事、活动等报道中利用 AIGC 技术制作海报、开设特别策划栏目等。一直以来，新华社不断尝试将 AI 技术与新闻生产相结合，现今的"AIGC 说真相"栏目是又一次创新，其丰富了新闻报道形态，推动了表达形式的多样化。AI 技术的不断革新使其不仅能在新闻写作方面提供辅助，更开始介入新闻生产流程的更多环节，带来多方面的创新可能。

# NewsGPT：全球首家AI生成新闻网站

2023年4月，全球首家AI生成新闻网站NewsGPT上线，官网首页如图1-65所示，该网站能够实时扫描全球新闻来源，包括世界各地的社交媒体、新闻网站等，为读者提供政治、体育、科技、天气等多种主题的新闻资讯，并实现每周7天、每天24小时无间断的新闻供给。

图1-65　NewsGPT官网首页

NewsGPT的推出给新闻业带来了一场巨大变革，颠覆了以往新闻平台的建构和运行模式，正如NewsGPT首席执行官艾伦·利维（Alan Levy）所说："长期以来，新闻业一直受到偏见和主观报道的困扰，NewsGPT将为观众提供事实和真相。"该网站没有任何人工干预新闻选择和排版推送，致力于让读者获取公正和基于事实的新闻。这一目标在NewsGPT的官网介绍中也可见一斑：与传统新闻来源不同，NewsGPT旨在提供公正的视角，如图1-66所示。NewsGPT作为依赖数据和算法的AI驱动平台，不由人类生成新闻文章，能够消除个人看法和议程对新闻文章的影响。

图1-66　NewsGPT官网介绍部分内容及对应翻译

然而到目前为止，NewsGPT所使用的具体AI算法模型尚未披露，把关机制暂不明确，训练数据源也未公开，新闻生成的可靠性难以评估。NewsGPT新闻报道界面如图1-67所示。由于新闻内

图1-67　NewsGPT新闻报道界面

容缺少引用来源说明或链接，而只在新闻界面设有交由读者判断的"分享事实"（share the truth）和"假新闻"（fake news）的投票选项，信息真实性得不到有力保障。事实上，人们的精力和认知能力通常有限，难以在缺少验证信息的情况下准确辨识真伪，这在一定程度上加剧了虚假信息传播的风险，NewsGPT暂时无法完全规避虚假新闻的生成。

NewsGPT 仍面临技术透明度和内容可信度等方面的问题与挑战，距离未来真正实现利用技术引领新闻业发展，为读者提供真实、公正的新闻报道的愿景还有很长的路要走。

## 版阅AI内容服务平台：出版行业垂直领域大语言模型深度应用

2023 年 9 月，中国新闻出版研究院与北京版上阅动科技有限责任公司联合打造的"版阅 AI 内容服务平台"正式上线并开启内测，官网首页如图 1–68 所示。其专注于出版行业垂直领域，将大语言模型引入部分出版环节，探索 AI 技术对出版行业的深度赋能。

图1-68　版阅AI内容服务平台官网首页

版阅 AI 内容服务平台依托智谱 AI 自主研发的 GLM–130B 大模型，并以中国新闻出版研究院的基础研究数据为支撑，能够成为内容生成的有力助手，实现内容编辑和审校的高效、准确。

目前，平台内测版本主要提供内容生成、智能审校、智能问答三大功能。其中，内容生成功能涵盖文章创作、编辑改写、去重润色、智能互译 4 个方面，如图 1–69 所示，可应用于多种文章类型和不同写作主题，在通过 AI 技术极大提升内容创作效率的同时也可保证生成内容的质量。

图1-69　内容生成功能

对于智能审校功能，版阅 AI 内容服务平台通过 11 个专业审校维度，可对出现错误的语法、词汇、标点符号等进行标注,并提供纠正建议,如图1-70所示。此外,平台还具有敏感词检测功能,能够对内容进一步把关,保证内容安全且合规。

图1-70　智能审校功能

在AI系统审校完毕后,用户还可自由选定文本范围,就内容是否涉及政治敏感、暴力、偏见等信息向AI助手提问,如图1-71所示,确保文章细节不出纰漏,保障出版质量。

但受现阶段技术发展限制,大语言模型在生成内容的真实性和可控性方面仍存在一定的不足之处,AI生成内容质量和自主审核能力有待进一步提升。

图1-71　智能问答功能

未来AI技术的快速演进与完善,将使技术与出版全流程深度融合的进程加快,并推动出版行业专用大模型的研发与应用。

# 《寻找人生目标的45种方法》:全球首本AI撰写、翻译、校对的图书

《寻找人生目标的45种方法》(*45 Ways to Find the Purpose of Life*)是全球首本由AI完成撰写、翻译、插图绘制、编辑、校对全流程的图书,如图1-72所示。该书由韩国出版商Snowfox Books(雪狐图书公司)策划出版,其首席执行官兼编辑徐进在接受采访时曾表示:"出版这本书的目的是满足出版商和编辑的好奇心。"2023年3月22日,《寻找人生目标的45种方法》在韩国首尔一家书店正式发售。

《寻找人生目标的45种方法》文稿由ChatGPT完成信息处理与数据研究后输出的

135页英文内容组成，ChatGPT完成这一过程只用了7小时。随后Naver旗下的AI翻译应用Papago在2小时内将文本内容翻译为韩文，交由韩国釜山大学人工智能实验室与韩国创业公司Nara Info Tech联合开发的AI韩文拼写和语法检查器完成校对工作。封面设计则由美国图库网站Shutterstock的AI图像生成器解析全书标题、目录、主题后完成。《寻找人生目标的45种方法》韩文原版图书如图1-73所示。

图1-72　《寻找人生目标的45种方法》面世

通常而言，韩国出版商完成一本外文译作的翻译、校对、出版工作需花费2到3年时间。而《寻找人生目标的45种方法》从撰写、翻译到编辑、校对共花费不到38小时，而从ChatGPT开始写作到出版销售历时仅7天，极大缩减了出版全流程时间。目前，该书的繁体中文版已在中国台湾地区出版发行，内容包含中英文对照，如图1-74所示。

然而，该书主题和章节标题并非由AI生成，而是由编辑挑选主题并用英文向AI提问，后由AI生成相关章节内容。该书在文本内容方面也存在一定的不足，例如章节之间缺乏连贯性，内容的创造性和情感表达尚且无法与

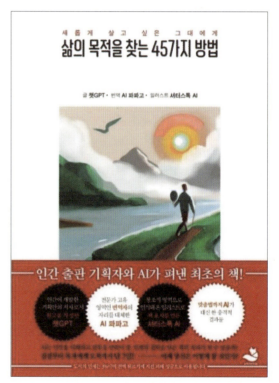

图1-73　《寻找人生目标的45种方法》韩文原版图书

图1-74　《寻找人生目标的45种方法》内页

人类作品相媲美。《寻找人生目标的 45 种方法》的写作和出版更多带有一种实验性质，是对 AI 工具在内容写作和出版工作中应用的前瞻性探索。

图1-74　《寻找人生目标的45种方法》内页（续）

# 蓝色光标"蓝色宇宙"营销空间

2022 年 3 月 30 日，蓝色光标旗下蓝色宇宙营销空间入驻百度元宇宙平台"希壤"，如图 1–75 所示，成为国内首个"元宇宙营销空间"。这也标志着蓝色光标正式完成"人（虚拟人苏小妹/K）、货（MEME 平台）、场"的元宇宙业务布局，如图 1–76 所示。

蓝色宇宙营销空间依托 AI、XR 等技术，以元宇宙空间为载体，能够实现更具想象力和创新性的营销方案实际落地。蓝色宇宙营销空间可为品牌提供虚拟数字人联动、虚拟直播、虚拟发布会等营销新玩法的制订、创意策划、执行全流程服务，

图1-75　蓝色宇宙营销空间全景图

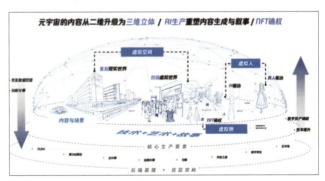

图1-76　元宇宙业务布局示意

将技术与内容相结合，为消费者带来更加多样化、趣味性的推广体验。此外，蓝色宇宙建筑外观本身也可作为营销的一部分，可配合营销方案改变显像，吸引消费者的注意力。例如蓝色宇宙建筑在安踏进驻之际首次变换外观，使安踏成为元宇宙空间注意力焦点，如图1-77所示，大幅提升了品牌宣传效果。

图1-78中，蓝色宇宙建筑内部还有现代科技感十足的商业街区，2022年4月，街区迎来了安踏、金茂酒店、东风标致、肆拾玖坊（嘿哈啤酒）首期4家进驻品牌。在该街区中，消费者不仅可以浏览进驻品牌的各色商品，还能体验多元化、互动性的品牌活动，建立与品牌之间的深度连接。

图1-77 蓝色宇宙建筑外观改换前后

图1-78 蓝色宇宙商业街区

蓝色宇宙营销空间不仅使营销空间与消费场景进一步拓展，也推动了新的营销模式和品牌运营方式的形成。作为蓝色光标元宇宙营销版图中的"一号空间"，蓝色宇宙营销空间为蓝色光标元宇宙营销业务的发展提供了重要基础。

## 天娱数科AI中台

2022年，天娱数科基于公司内外部资源搭建出AI中台，推动AIGC技术从某一环节的单点式应用向营销流程的全链条式应用转变，实现营销模式的智能化升级。天娱数科官网首页如图1-79所示。

AI中台可将模型、算法等技术进行整合，连通数据资源与应用场景，为产品开发提供基础。此外，在不同应用场景中可能会用到相同的AI基础模型和技术服务，AI中台能够实现AI基础模型和技术服务的快速复用，

图1-79　天娱数科官网首页

极大提升业务部署效率，并降低技术应用成本。天娱数科AI中台的搭建基于MLOps（Machine Learning Operations，机器学习运维）流程架构，具备模型设计训练、复用标注管理、大模型调优等能力，可快速满足个性化业务需求。

天娱数科在发展过程中探索出了"中台+产品+场景"模式，借助AI中台，针对不同营销场景打造相应的AI工具。例如天娱数科自研的"MetaSurfing-元享智能云平台"提供虚拟数字人生成、驱动、交互三大主要功能，极大缩短和降低了虚拟数字人制作周期和成本。MetaSurfing-元享智能云平台核心技术如图1-80所示。平台还结合大语言模型、语音识别、深度学习等技术，使生成的虚拟数字人具有语言理解、自然交互能力，可应用于电商、直播、形象代言等众多场景。MetaSurfing-元享智能云平台虚拟数字人制作如图1-81所示。

此外，针对短视频营销领域，天娱数科推出的"魔方Mix-AIGC短视频智能营销助手"结合GPT、DALL·E 2等大模型技术，简化了短视频制作流程，提高了广告素材的制作效率和质量，并通过算法技术优化短视频平台账号广告投放策略，提升投放计划制订效率以及流量转化率。

图1-80　MetaSurfing-元享智能云平台核心技术

通过搭建AI中台，天娱数科进一步推动AIGC技术与商业场景结合，加速数字营销向智能营销升级。当下，天娱数科在虚

图1-81　MetaSurfing-元享智能云平台虚拟数字人制作

拟数字人领域重点发力，以 AI 中台为业务软件基础，为智能营销场景打造提供多方位的技术支持。

## 1.3.4 AI在文旅业态深度融合中的典型案例

### 丹寨万达小镇旅游景区AI导游"小丹"

2023 年 6 月 5 日，万达集团企业文化中心为贵州丹寨万达小镇打造的 AI 导游小丹正式上线，如图 1-82 所示，这是全国首个旅游景区 AI 导游，其上线后仅两天便吸引了超 20 万用户体验，用户覆盖全国二十多个省市。

图1-82　小丹形象图

游客只需用手机扫描二维码即可体验小丹的全天候、定制化旅游服务。小丹可根据游客的兴趣偏好、出行需求等提供个性化游玩建议，小丹的智能定位功能让其能够根据游客在景区内的实时位置推荐就近景点和特色活动。在交互界面，如图 1-83 所示，游客可以一键跳转至"小镇实景"平台观看小镇慢直播，通过"AI 换脸"小程序收获身穿苗服的体验，还可以申领"旅游护照"以获取更多美景、美食打卡点信息。

图1-83　小丹交互界面

小丹基于大语言模型，可与游客实时对话，不仅能够提供专业的旅游出行建议，还可与游客闲聊、讲笑话、玩脑筋急转弯等，建立更深层次的情感连接，如图 1-84 所示。

小丹的出现使传统、单一的导游服务升级为更加全面、多样的旅行生活服务，服务不受时长、知识储备等限制，极大提升了游客出行的满意度。

在之后的程序更新中，小丹还新增了"陪你逛"功能，如图1-85所示，该功能可带领游客进入全景导览模式，模拟游客行进路线进行导览，使规划路线更加直观地呈现。小丹还为游客准备了一份打卡清单，在全景界面标注出了重点推荐的十大特色打卡点，并可根据游客需要一一介绍打卡点的特色、具体位置、行进路线等相关信息。

对于景区而言，小丹可同时服务千万游客，并为每一位游客提供"一对一"的专属服务，极大降低了景区运营的人力成本。此外，小丹的"出圈"在一定程度上也是对丹寨万达小镇旅游资源和特色文化的宣传，助力旅游品牌的打造与推广。在文旅业朝

图1-84　小丹为体验用户讲笑话

图1-85　小丹新增"陪你逛"功能

智能化、定制化方向发展的当下，小丹不仅是对导游业务的创新，更带来了旅游服务品质的提升，为文化和旅游行业升级注入了新鲜活力。

## 南京牛首山文化旅游区"数智牛首"平台

2023年2月，南京牛首山文化旅游区推出数智牛首平台，其以微信小程序为依托，界面如图1-86所示，为游客提供集智能导览、虚拟游览、数字文化资源访问等服务于一体的旅游体验。据统计，截至2023年12月31日，数智牛首的累计用户数达82万，

访问量超 550 万次。

在旅游体验方面，除提供路线规划、位置导航、门票预约、停车缴费等景区基础服务外，数智牛首更利用 AI、AR、云渲染、图计算等技术全面展示牛首山美景，并建构了牛首山元宇宙虚拟景点空间，如图 1-87 所示，为游客提供高沉浸、交互式的体验。如图 1-88 所示，游客可在数智牛首平台全景漫游牛首山重要景点，虚拟景点空间不仅是对真实场景的高清还原，还融合了图文、音视频等内容，使游客能够近距离观赏和互动，深入了解景点故事。景区艺术作品也借助数字成像技术得以数字化复刻与渲染，许多平面画作还以 3D 立体形式生动呈现，游客可"穿梭"其中观摩作品内容，探寻丰富的作品细节。

此外，牛首山深厚的历史文化资源也在先进技术的应用下得以"活化"。在数据采集与分析的基础上，牛首山文化旅游区建立了数字文化共享资源库，使文化资源能以数字形式持久保存与利用。通过对牛首山文化资源与

图1-86　数智牛首微信小程序界面

图1-87　数智牛首平台虚拟体验

图1-88 数智牛首平台的千佛殿空间全景漫游场景

历史脉络的挖掘和梳理,并结合图计算、自然语言处理等技术,建立了牛首山文化知识体系,数智牛首平台也相应推出了知识图谱检索功能,如图1-89所示。借助知识图谱的词汇关联,游客可快速、便捷地获取相关内容信息,对牛首山文化形成更系统化的认识。

牛首山文化旅游区的智慧旅游建设始终与景区建设同步展开,将文化与技术深度融合,

图1-89 数智牛首平台的知识图谱检索功能

数智牛首平台的打造是与时俱进的又一次升级。数智牛首数字化平台项目成功入选2023年度江苏省智慧文旅示范项目,未来,牛首山文化旅游区还将继续推进数智化景区建设,为游客提供更加多样化、智能化的旅游服务。

# "携程问道"：国内首个旅游行业垂直大模型

2023年7月17日，携程集团发布了国内首个旅游行业垂直大模型携程问道，该大模型以快速理解并满足用户需求，提升用户出行决策效率和体验著称。携程问道发布会功能演示如图1-90所示。

图1-90 携程问道发布会功能演示

通常而言，游客出行前在酒店和交通工具的选择方面需花费较多时间，而携程问道正好适用于出行前场景，其能够将用户的个性化需求与市场供给相匹配，为行程规划提供有力辅助。携程问道具备两大功能。其一，为需求尚不明确的用户提供目的地推荐和出行建议，如图1-91所示。

图1-91 携程问道内测阶段回答行程规划问题页面截图

携程问道可通过地域、主题特色等多种维度，推荐旅游目的地、景点、酒店等，并提供实时优惠信息。其二，为确定需求的用户提供智能查询和辅助决策功能。用户可直接输入文字或通过语音形式获取机票、酒店等的实时状态，并且携程问道也具有上下文语义理解能力，可结合查询结果和用户诉求提供合理的行程规划建议。携程问道手机端交互界面如图1-92所示。

携程集团深耕旅游行业多年，拥有庞大且完善的供应商体系和

图1-92 携程问道手机端交互界面

用户基础，这也成为其打造携程问道的独特优势。携程问道基于携程平台积累超 20 年的旅行数据、约 200 亿参数，以及携程现有的实时数据和搜索算法进行训练与优化。相较于基础大模型，携程问道作为旅游行业垂直大模型，对旅游行业的数据、概念等拥有更强的理解能力，能根据用户需求提供更加精准的旅游信息。携程问道为旅游行业带来的机遇与挑战如图 1-93 所示。

图1-93　携程问道为旅游行业带来的机遇与挑战

目前，携程问道尚处于初步应用阶段，持续提升信息提供的可靠性仍是模型训练的长期任务。在 AI 技术与旅游行业融合越发深入的当下，携程问道的推出为满足游客出行前阶段的需求提供了新的智能解决方案。

## 龙门石窟智慧文旅数字孪生平台

2021 年 3 月，龙门石窟启动智慧文旅数字孪生平台项目建设，采用数字孪生与 AI 技术，对石窟全景、文物、周边环境进行数字化还原，在实现全域历史文化资源数字化保存的同时探索出数字文旅发展新模式。龙门石窟奉先寺数字孪生全景图如图 1-94 所示。

一方面，智慧文旅数字孪生平台的建设使龙门石窟的文化遗产以数字化形式得到持久保存和"活化"利用。通过数字化扫描、空间建模、时空 AI 等技术手段，龙门石窟实景映射至虚拟空间，文物原貌、纹理得到中、高精度还原，游客裸眼即可看到以 3D 形式呈现的洞窟景象，得到跨时空、沉浸式的感知体验。龙门石窟石刻佛像数字复原如图 1-95 所示。借助智慧文旅数字孪生平台，游客可随时

图1-94　龙门石窟奉先寺数字孪生全景图

随地进行线上参观，并自主选择观赏视角，调整视野高度和空间位置，欣赏到更加丰富的石窟细节，充分感受石窟艺术魅力。在游客实地游览过程中，智慧文旅数字孪生平台也可为游客提供实时定位，以及景区导览、景点介绍、基础设施位置等信息，帮助游客合理规划游览路线，深入了解石窟历史文化，提升了游客体验。

图1-95　龙门石窟石刻佛像数字复原

另一方面，数字孪生技术赋能龙门石窟景区智慧化管理和运营，实现了设备、资源、服务的一站式调控。通过智慧文旅数字孪生平台的大数据收集与分析，景区能够对游客的兴趣偏好、行为习惯、反馈建议等进行精准把握，并将分析结果作为评估景区现有设施和服务质量的科学依据，从而更有针对性地进行后续景区规划。此外，智慧文旅数字孪生平台可与景区指挥中心后台联通，并结合大数据算法、红外传感技术、视频监控等，实时监测景区客流状况及动态趋势、景区设施、周边交通等，预防紧急突发事件发生，提高景区管理水平和服务质量。

龙门石窟智慧文旅数字孪生平台的搭建极大提升了游客旅游体验和景区科学运营水平，促进了龙门石窟旅游品牌的打造与推广，并为兼顾文化遗产保护与文旅发展的路径探索提供了一份可借鉴的参考样本。

## 哈尔滨冰雪大世界VR沉浸式体验

哈尔滨冰雪大世界自创办以来经过多年的发展与迭代更新，逐渐成为哈尔滨亮眼的"城市名片"和旅游品牌，如图1-96所示。近年来，先进技术越来越多

图1-96　哈尔滨冰雪大世界

地融入哈尔滨冰雪大世界的场景打造和经营业态之中，为冰雪经济注入了新的活力。

2022年11月，哈尔滨冰雪大世界内的冰雪元宇宙体验中心落成，如图1-97所示，进一步丰富了旅游产品样态，为游客提供多元化、沉浸式旅游体验。线上，打造VR实景漫游：冰雪元宇宙体验中心将哈尔滨冰雪大世界的全景实景影像与VR场景结合，提供多角度、全方位的展示和导览服务，游客可利用全景虚拟参观系统，在线了解哈尔滨冰雪大世界全貌。线下，拓展游客体验边界：游客可以通过穿戴VR眼镜，在"元宇宙瞭望台"上1秒体验四季变化；如图1-98所示，游客还可以借助VR设备体验滑雪、冰滑梯、雪地飞车等虚拟冰雪项目，游客在虚拟游玩场景中同样会有由地势变化、速度提升等带来的惊险、刺激的逼真感受。

图1-97　冰雪元宇宙体验中心

图1-98　游客体验虚拟冰雪项目

2023年底，第二十五届哈尔滨冰雪大世界利用多种数字技术，为游客带来了崭新的突破时空限制、虚实相生的光影盛宴和全新互动场景。2024年2月，哈尔滨冰雪大世界冰雪光影互动智慧旅游沉浸式体验新空间成功入选第一批全国智慧旅游沉浸式体验新空间培育试点项目。科技将进一步赋能冰雪景观与体验项目打造，使每一届哈尔滨冰雪大世界都能为游客带来新鲜体验，成为哈尔滨旅游业发展的持久驱动力。

## 上海《风起洛阳》VR全感剧场

《风起洛阳》VR全感剧场是爱奇艺基于同名网剧所打造的全球首个VR·全感跨

次元互动娱乐项目，自2023年4月起在上海正式营业，成为文旅新亮点。《风起洛阳》VR全感剧场概念海报如图1-99所示。

　　《风起洛阳》VR全感剧场将VR技术与实景空间相结合，在剧集世界观、场景美术、人物角色的基础上重新设计叙事逻辑和互动环节，满足剧迷深入探索剧中世界的愿望，同时也能让对剧集剧情不够了解的普通游客无门槛体验虚实相生的跨时空沉浸式演艺。《风起洛阳》VR全感剧场实景部分布景如图1-100所示。

　　在项目体验中，8位玩家扮演剧中角色，如图1-101所示，通过智能穿戴设备"穿越"回繁华盛唐，亲临神都洛阳，与反派组织斗智斗勇破解谜团。伴随着剧情发展和场景变化，玩家会真实体验到高速移动、震动和失重等感觉，过程中也存在需要玩家配合行走移动、在实景中探索的桥段，为确保玩家体验的顺利推进，过程中设计有工作人员与数字NPC进行指引，帮助衔接不同体验形式。

图1-99　《风起洛阳》VR全感剧场概念海报

图1-100　《风起洛阳》VR全感剧场实景部分布景

　　长达1小时的时长、兼具仪式感和社交属性的沉浸式体验，使得《风起洛阳》VR全感剧场成为具有一定吸引力的"目的地产品"，探索出"科技+IP+文旅"的新发展路径。除项目体验外，体验空间中还提供唐代仿妆、剧情化摄影、现场特调鸡尾酒品鉴等延伸服务，满足游客对拍照打卡、餐饮等方面的更多需求，进一步丰富游客体验。

目前，《风起洛阳》VR全感剧场已在洛阳、深圳等城市相继落地，为当地文旅消费注入新鲜活力，推动文旅商深度融合。

图1-101　玩家穿戴VR头显设备进行体验

## 上海中心"AI之梦"：国内首个AI沉浸式体验项目

"AI之梦"是由上海中心大厦与上海飞来飞去展览设计工程有限公司联合打造，由德国艺术家、上海天文馆展示规划总设计师飞苹果（Alexander Brandt）执导的国内首个AI沉浸式体验项目，宣传海报如图1-102所示，于2024年4月12日在上海中心大厦正式公测。

图1-102　"AI之梦"宣传海报

如图1-103所示，"AI之梦"将虚拟数字人、AI对话、场景沉浸、剧情体验等元素融合于一体，构建出虚实相生的体验空间，使玩家能够身临其境地与虚拟数字人爱小爱（AiAi）一同经历一场奇幻冒险。

在体验开始前，玩家需穿戴类似轻薄披肩的智能设备，以实现与AI实时交互。如图1-104所

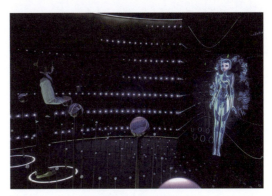

图1-103　玩家与虚拟数字人爱小爱互动

示，正式进入体验空间后，玩家将代入人工智能的视角开启剧情，与爱小爱一起完成

解决能源危机、保护环境等任务。玩家会在爱小爱的带领下相继进入 14 个充满未来感、科技感的线下真实空间并完成不同的关卡任务，过程中可通过语音与爱小爱对话互动推动后续情节发展，或完成个人剧情的探索。最后，系统会根据玩家表现解锁不同结局。

图1-104　玩家通过全息投影进行剧情解密

"AI 之梦"旨在"探讨人类与人工智能的关系"。沉浸式未来场景的打造和交互环节设计使玩家在体验过程中逐渐加深对 AI 的认识与体会，与爱小爱建立更加牢固的情感连接，从而加深玩家对剧情内核的理解与认同，引发玩家关于未来可能性、自我认识、AI 技术发展等议题的思考。玩家互动体验如图 1–105 所示。

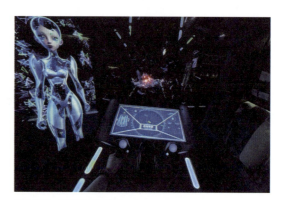

图1-105　玩家互动体验

实测过程中，"AI 之梦"在互动环节设置、设备灵敏度等方面仍存在一定的不足，在未来有待进一步优化。但作为 AI 赋能文旅场景打造的新尝试，"AI 之梦"将 AI 技术与线下实景空间相结合，打破了虚实壁垒，推动了沉浸式体验的数智化升级，也为文旅新业态探索提供了新的可能。

## 敦煌研究院智慧旅游沉浸式体验新空间

2024 年 2 月，"敦煌研究院智慧旅游沉浸式体验新空间"入选第一批全国智慧旅游沉浸式体验新空间培育试点项目，名单截图如图 1–106 所示，这是"数字敦煌"实践与文旅业态的进一步深度融合。

| 附件 | 第一批全国智慧旅游沉浸式体验新空间培育试点项目名单 | | |
|---|---|---|---|
| 序号 | 项目名称 | 申报主体 | 牵头推荐单位 |
| 41 | 敦煌研究院智慧旅游沉浸式体验新空间 | 敦煌研究院、北京艺琅国际文化艺术有限公司、敦煌莫高窟旅游服务公司 | 甘肃省文化和旅游厅 |

图1-106　第一批全国智慧旅游沉浸式体验新空间培育试点项目名单截图

敦煌研究院智慧旅游沉浸式体验新空间依托国内文旅行业内首个基于单目视觉 SLAM（Simultaneous Localization And Mapping，即时定位与地图构建）的 AR 眼镜导览方案，借助 AI、AR、XR、3D 场景展陈等技术，将源远流长的敦煌文化以现代化形式呈现，演示效果如图 1-107 所示。通过穿戴 AR 眼镜，游客仿佛跨越时空亲身进入敦煌莫高窟的世界，欣赏更为立体鲜活的壁画景物。此外，AR 眼镜具备图像识别和语音交互功能，在智能感知游客所见景物后将自动播放 AR 全息内容，AR 与现实环境叠加，在带来更为震撼的视觉效果的同时也帮助游客更为清晰、深入地了解敦煌莫高窟的历史与文化内涵。

在体验过程中，虚拟导览员"敦敦"将带领游客游览敦煌莫高窟并提供个性化讲解。对于不开放实景参观的特窟，游客同样能够在敦敦的指引下参与"云游"。数字技术的应用推动莫高窟的文物资源实现深入"活化"与开发，游客在游览过程中深度感知敦煌的历史文化底蕴，其文化认同得到塑造或强化。敦敦为游客讲解的画面如图 1-108 所示。

数字技术的发展与日益成熟不仅帮助敦煌石窟和其他文物实现永久保存与永续利用，同时赋能了文旅业态创新和消费新场景打造，成为"数字敦煌"实践不断深入的重要基础。

图1-107　敦煌研究院智慧旅游沉浸式体验新空间演示效果

图1-108　敦敦为游客讲解的画面

第 2 章

# 人工智能技术在公共文化服务中的应用

CHAPTER 2

# 2.1 "AI+公共文化服务"应用现状

党的二十届三中全会审议通过的《中共中央关于进一步全面深化改革 推进中国式现代化的决定》(简称《决定》)中指出"深化文化体制机制改革"。《决定》要求"完善公共文化服务体系,建立优质文化资源直达基层机制""探索文化和科技融合的有效机制,加快发展新型文化业态""推动文化遗产系统性保护和统一监管"。公共文化服务体系的完善和现代公共文化服务体系的建设亟待文化和科技深度融合赋能,需要进一步加快 AI 在公共文化服务领域的应用,更好地推动优质文化资源直达基层,建立文化遗产系统性自动保护体系。

## 2.1.1 AI在图书馆、博物馆和展览馆等领域的应用现状

目前,AI 技术在公共文化服务中的应用已经展现出了显著的成效和潜力,主要集中在提升服务质量、优化管理流程以及改善用户体验等方面,多应用于图书馆、博物馆、展览馆等领域。例如,通过智能虚拟助手提高信息获取的便捷性和参观体验;通过知识图谱建设帮助用户更深入地理解某一领域的知识结构;利用机器学习优化参观路线;借助 3D 扫描和 AI 建模技术进行文化遗产的保护与修复,并借助智能识别技术对文物进行实时监测。此外,"AI+ 文化云服务"有助于在线文化教育资源的共享,而"AI+VR/AR"能够为历史文化提供新的诠释方式。

在公共文化服务领域,AI 技术最主要的应用场景之一是图书馆的智慧业务管理和智慧场馆建设。面对智慧社会发展带来的历史机遇和时代挑战,国内外一些图书馆率先在智慧空间规划、智慧场馆建设、智慧业务管理和智慧服务创新等方面进行了积极探索,在文献自动分拣传输、人脸识别、无感借阅、机器人导览、虚拟讲解、仿真体验等领域,人工智能技术的应用取得了积极进展,有效提升了业务管理运行效率和用户线上线下学习与阅读体验。例如,英国国家图书馆、美国芝加哥大学图书馆、日本明治大学图书馆、苏州第二图书馆等建成智能立体书库,通过智能书架与搬运机器人,实现书刊自动存取、

分拣传输系统的全智能化管理，每天可以智能处理上万本图书；南京大学图书馆研发的智能盘点机器人，依托 RFID（Radio Frequency IDentification，射频识别）感知、计算机视觉等智能技术，可以实现精确、可靠的全自动图书盘点，图书盘点效率超过每小时两万册，漏读率低于 1%；美国康涅狄格州西港图书馆、加拿大圣文森特山大学图书馆、上海图书馆等引入交互机器人，将人脸识别、迎宾讲解、智能交互、书籍检索、信息查询等功能整合为一体，为读者提供人性化的随行阅读指引[48]。

AI 应用于文献和古籍修复与保护领域，可以识别难以辨别的文献和古籍文字，分析文献和古籍的损坏情况，提出最佳修复方案，有效保护珍贵文献和古籍。此外，越来越多图书馆开始采用知识图谱、大数据、智能计算等技术，对馆藏图书、报纸、期刊、音视频等数字资源进行细颗粒度内容标识、为关键知识点设置标签和标引，特别是对人物、机构、事件、地理名称或其他具有标目意义的专题、实物等进行精准抽取，以实现资源的精细化揭示和提供知识化、专题化服务。这些图书馆旨在为用户提供更加便捷、高效而精准的知识资源服务，以满足用户对不同类型资源的查阅和研究需求。

AI 的另一大应用场景集中在博物馆、展览馆等场所，通过提供智慧导览与解说服务，极大地提升了参观者的体验。具体来说，AI 能够分析参观者的路径和兴趣点，根据参观者的个人偏好推荐特定展品和提供解说信息，使得参观过程更加个性化。此外，语音助手能够实时回答参观者的问题，增加了互动性和便利性。无论是博物馆还是展览馆都在积极探索知识图谱系统的建立，早在 2017 年，AAM（American Alliance of Museum，美国博物馆联盟）就指出，人工智能将成为 21 世纪博物馆管理海量数据的重要工具……视觉识别算法可以通过标记、排序和绘制博物馆数据库内部和之间的连接来释放数字图像收藏的潜力。人工智能擅长处理和分析数据，通过图像识别、语音交互、知识图谱等方式助力文博研究，大大提升了工作人员的工作效率和参观者体验。

此外，AI 技术也促进了线上公共文化服务的发展。博物馆和其他文化机构通过建立数字平台，利用 AI 进行大数据分析，为用户提供个性化的线上体验。例如，AI 驱动的应用程序可以让用户在家享受虚拟展览和在线文化活动，这种形式不仅扩大了公共文化服务的覆盖范围，还增强了用户的参与感，同时也降低了服务成本，使文化内容更加多元且高品质。

目前线上的图书馆、博物馆、展览馆也越来越多地采用 AI 个性化推荐系统，通过分析用户的浏览和使用习惯，提高用户的满意度和参与度。这些系统通过分析用户偏好和过去的互动记录，推荐相关的文化内容和活动并进行个性化定制，同时也帮助文化组织更有效地吸引目标观众。

## 2.1.2 "AI+公共文化服务"的应用困境

然而，AI 赋能公共文化服务还存在一些现实问题。第一，数据质量要求和开发成本高是主要障碍之一，许多公共文化机构由于资金相对紧缺，难以承担高质量大数据集的构建及 AI 系统的开发与维护。第二，AI 技术在公共文化服务领域的应用场景相对有限，难以满足多样化的文化需求。第三，技术伦理也不容忽视，主要包括文化价值观的冲突、技术瓶颈以及公众对 AI 技术的理解和接受度存在差异、数据隐私保护和标准化尚不完善等。第四，公共文化服务行业的专业技术力量相对薄弱，涉及的技术类别较为单一，缺乏深入研发以及直接的技术提供与实现[49]。

首先，我国公共文化服务与人工智能技术的融合度、普及度仍然不足。其原因在于数据质量与开发成本过高，使相关技术难以大面积普及，同时还面临着技术伦理与专业度的挑战。在数据获取和数据质量方面，许多 AI 应用依赖于高质量的大数据集，AI 系统的开发和维护成本高，许多文化机构难以承担这些费用，导致技术应用的普及受到限制[50]。

其次，"AI+ 公共文化服务"的精度与深度还需提升。目前，AI 在公共文化服务中的应用领域较为局限，大多为图书馆和档案馆、虚拟博物馆和展览、文化遗产保护、公共艺术项目。如今，人工智能技术在图书馆服务中的应用场景大多是基于语言的预训练，用于检索增强和 OCR（Optical Character Recognition，光学字符识别）任务；或是利用生成式人工智能技术，提供基于语义和上下文理解的智能检索服务，以及基于用户历史行为的智能推荐服务等。在破除行业壁垒，打通全社会公共文化服务资源和服务供给，探索利用自然语言处理、知识图谱、物联网、区块链等技术进行数据分析和知识建模，从而提升"AI+ 公共文化服务"的精度与深度等方面的探索上，我们依旧有很长的路要走[51]。

最后，AI 在公共文化服务领域的应用场景还需要实现多元化。当下的人工智能技术进入公共文化服务的场景与应用十分局限，大多由政府与龙头企业主导，社会力量参与不足。在"AI + 公共文化服务"的落地过程中，不同区域、不同文化背景的人们对人工智能技术的接受度、信任度不同，对于推荐算法、虚拟导览等创新应用场景的接受度不足。这也是导致"AI+ 公共文化服务"的场景应用拓展不足的重要原因之一。因此，探索虚拟数字人、智能导游等创新智慧服务场景，以及针对农家书屋、专题博物馆等多元文化机构的数字资源布局与治理方案，也十分重要[52]。

总之，在公共文化服务领域广泛应用前沿技术，并不是简单的事情，算力基础设施、硬件设备、高质量数据、算法大模型、跨学科人才等缺一不可，同时文化遗产也会牵扯到高昂的成本、复杂的流程、长期的维护等，因此应用相关技术并不容易。图书馆、文化馆、博物馆、展览馆和艺术馆等文化机构如何主动参与到这场技术变革中，避免沦为单纯的数据提供方，是当下和未来人们无法绕开的难题。欧美同行指出，随着人工智能的引入，博物馆将进入一个全新的数据驱动的游戏。

## 2.1.3 "AI+公共文化服务"的应用潜力

当下，人工智能技术发展迅猛，各国在公共文化服务中应用 AI 更加普遍。在人工智能技术提升公共文化服务的供给方面，以 AI 赋能博物馆和其他文化机构的智慧导览系统最为广泛。例如，罗马尼亚布拉索夫的"Casa Muresenilor"博物馆开发了一款智能虚拟助手，通过自然语言处理技术与游客互动，提高了信息获取的便捷性和参观体验，提升了访问的整体满意度。同时，根据作者的调研和访谈，我国博物馆普遍正在探索、研究如何开发 AI 导览系统，利用机器学习和数据分析，为游客提供个性化的导览服务，优化参观路线，提升整体参观体验，以及利用大语言模型，为游客提供实时的、交互式、多语种的导览服务，帮助不同语言背景的游客更好地理解展品说明和文化背景。在"AI+公共文化服务"方面，荷兰的一项研究显示，人工智能技术在处理语言和文化数据方面具有巨大潜力，可用于在线文化教育和资源共享。在 AI 辅助文化遗产保护修复方面，通过 3D 扫描和建模生成高精度的文物数字模型，用于文物的保护、修复、展现已经成为文化遗产数据采集的一项重要工作。在文化资源的活化利用方面，人工智能技术可以帮助机构管理者理解和分析文化资源的使用情况，通过数据驱动的决策支持系统优化文化活动的组织和安排。此外，通过"AI+VR/AR"技术，能够重新诠释和呈现历史文化。在文化数据的采集共享方面，AI 通过智能算法有效整合和分析不同来源的文化数据，提供更加全面和深入的文化洞察。本书重点回顾当下国内外出现的人工智能技术赋能公共文化服务的案例，探究人工智能技术在文化遗产保护修复、文化资源活化利用、文化数据采集共享、公共文化服务智能化、文化资源安全等方面带来的新提升。

## 2.2 AI技术在公共文化服务领域的主要应用方向

### 2.2.1 提升文化数据采集分析效率

#### 文化数据集成与分析

人工智能、物联网、大数据等技术引发传统公共文化服务通信模式变革，公共数字文化服务（Public Digital Curtural Service，PDCS）系统[1]的可访问性和用户体验大幅提升[53]。AI 通常用于集成和管理各种文化数据集，提高文化信息的准确性和可访问性，有助于文化机构更好地进行决策和制定战略。中国地方政府通过 AI 创新推进公共服务，例如将人工智能技术用于行政审批工作，以提高服务效率和透明度，如合肥政府与科大讯飞合作，将"星火"大模型运用于政府办公、政务服务以及智慧司法等政务场景。

#### 综合性、系统化的文化大数据库

人工智能技术在收集、分析和可视化公共文化服务数据中发挥着重要作用。通过智能分析用户的互动数据，PDCS 系统不仅能提供个性化的文化内容，还能记录这些数据，用于改进服务和扩展文化知识库，并形成知识图谱。使用人工智能处理和分析大量文化数据，揭示有关文化趋势、受众偏好和潜在创新领域的规律。

#### 精准的文化数据的智能搜索与推荐

人工智能驱动的搜索和推荐工具增强了文化内容的可发现性。未来使用基于现实的交互（Reality-Based Interaction，RBI）原则设计 PDCS 系统，实现自然语言通信和显示方式，可根据用户输入的不同信息，如动作、表情、声音和生理信号，通过分析用户的查询和行为，提供定制化的智能服务，提供与上下文高度相关的适配结果，使文化内容的传递更加精准和高效。

---

1 一种网络物理系统，融合了实体和数字文化资源，使得公众可以更便捷地获取文化知识。

## 2.2.2 创新文化资源活化利用

第一，结合虚拟现实和增强现实技术的 AI 应用为文化资源提供了全新的展示和互动方式。虚拟现实和增强现实技术可创造身临其境般的参观体验，允许用户"身临其境地"参观博物馆或文化遗址，与文物和历史叙事互动，大幅提升了知识学习、审美教育的趣味性和吸引力。人工智能技术则进一步增强了互动性，允许用户与虚拟环境中的内容进行互动，获取更多信息。第二，数字公共文化服务产品的智能化生成为数字公共文化服务产品开发带来了新的可能性。AIGC 工具能够提高数字绘画、音乐等文艺作品的创作效率，降低数字公共文化服务产品生产从业门槛。同时，AI 通过分析和学习大量的文化遗产数据并提供创新路径的参考，加快了从文化遗产数据到创意产业的转化速率。例如，在乡村振兴领域，已有通过 AI 应用增强本地艺术家的创作能力，推动文化遗产的保护和旅游业发展的案例。第三，古籍数字化是 AI 应用的一个重要领域。"古籍数字化"是指利用现代信息技术对古籍文献进行加工处理，使其转化为电子数据形式，通过光盘、网络等介质进行保存和传播。古籍数字化是对古籍或古籍内容的再现和加工，代表着古籍整理的未来发展方向。AI 能够协助构建支持数字化古籍阅读和检索的数据库，便于用户获取整理后的古籍内容，加快古籍从收藏到活化利用的过程。

随着数字技术的深度应用，数字公共文化服务产品供给呈快速增长趋势，而近年来人工智能技术爆发式的发展让公共文化领域智能化提上日程。文化遗产的智能化保护和修复、文化数据智能化采集、文化数据资源的 AI 活化、文化场馆服务场景智能化正在逐步成为公共文化领域 AI 应用的共性需求。

## 2.2.3 提升文化机构智能化服务水平

第一，在导览与解说方面，人工智能技术为博物馆、展览馆的游客提供了更智能、更个性化的参观体验。利用 AI 分析游客的参观路径和兴趣点，根据游客的偏好和停留时间推荐博物馆、展览馆中的特定展品和提供解说信息，语音助手实时回答游客的问题，这些智能功能大大提升了游客的体验质量和教育价值，以及参观的互动性和便利性。第二，在线上文化服务方面，人工智能技术使得文化资源的数字化与共享更加高效。博物馆和其他文化机构通过建立数字平台，利用 AI 进行大数据分析和内容推荐，为用户提供个性化的线上文化服务体验。例如，通过 AI 驱动的应用程序，用户可以在家中享受虚拟展览和在线文化活动，这不仅扩大了文化服务的覆盖范围，还增强了用户的参与度。此外，AI 还能够帮助文化组织更有效地瞄准受众，通过精准服务定制体验有效提高用户的参与度和满意度。

## 2.2.4 助力文物保护修复

文物保护修复领域对于人工智能技术的应用需求主要表现在 3 方面。第一，人工智能技术结合 3D 扫描和建模技术，为文物提供了数字化保护手段。这些技术可用于精确捕捉和重建文物的三维形态，生成高精度的数字模型，用于文物的修复和保护。例如，人工智能技术用于完善和补充文物和历史遗址 3D 模型拆分细节，减少了实地采集的需要，从而保护了脆弱文物和历史遗址的完整性。同时，这些 3D 模型还可以用于虚拟展示，辅助线上展览、宣传教育和创意开发工作。第二，文物环境的实时监测。人工智能系统可用来实时监测可能影响文化遗产保护修复的环境条件，如预警湿度、温度波动和污染等潜在风险，并对文物损坏的实际程度进行智能化、实时性的评估，从而帮助专家及时采取积极保护措施。第三，通过图像识别和深度学习技术，人工智能技术可以识别文物损坏的区域，以高分辨率成像和三维重建技术帮助专家更精确地识别文物的损伤情况，也可以依据文物独特特征，模拟修复过程，预测潜在的风险，提供修复建议。人工智能技术还可用来分析和复原文物表面因年代久远而无法识别的字符或纹样。

## 2.2.5 助力文物安全保护与防控

此外，有学者研究发现，AI 能够使用深度学习技术来分析网络上的图片数据集，如分析商品图片，识别独特特征和特性，通过高级图像分类技术，有效地检测和监控文化遗产非法交易。AI 不仅能识别单一物品，还能侦测非法交易的模式和网络，将被盗文物与其原产地联系起来，从而加快找回流程。国际项目 "SIGNIFICANCE" 利用深度学习技术，通过图像分类识别和追踪被盗文物，有效打击了文化遗产非法贩运活动[54]。例如，SIGNIFICANCE 项目通过 "AI 停止非法文化遗产交易计划" 提高公共当局和警察部队对通过互联网渠道（如社交平台和暗网）进行的文化遗产非法交易的应对能力。

这个项目利用深度学习的强大功能，通过爬虫算法在网络上收集图像数据，并分析、学习这些数据以防止宝贵文化艺术品的丢失。

  AI 技术在公共文化服务领域的广泛应用展现了 AI 通过多种方式促进公共文化服务的现代化和智能化。首先，AI 技术大幅提升了文化数据采集分析的效率，通过集成和管理多样化的文化数据集，形成了综合性、系统化的文化数据库，支持了文化数据的智能搜索与推荐，进一步促进了文化知识的传播和应用。其次，借助 VR 和 AR 技术，AI 为文化资源的活化利用提供了创新途径，不仅增强了文化教育的吸引力，也为数字公共文化服务产品的生成提供了技术支持，加强了文化遗产与创意产业之间的连接与转化。再次，在提升文化机构智能化服务水平方面，AI 技术不仅优化了博物馆和展览馆的导览与解说服务，通过智能分析游客的行为模式和偏好，提供个性化的参观体验，还通过线上公共文化服务推荐系统，增强了用户体验的便利性和互动性。最后，在文化遗产保护修复领域，AI 结合 3D 扫描和建模技术能够实现文物的数字化建模与保护，并通过环境监测和智能修复技术加强对文化遗产的实时保护。

## 2.3 AI在公共文化服务领域的典型应用案例

### 2.3.1 文化数据采集分析的应用案例

公共文化服务领域利用人工智能技术提升数据采集能力的关键包括以下方面：第一，建立以人工智能技术为核心的综合性数据平台，利用平台对接多个文化遗产场景，便于数据直接传输；第二，基于综合性数据平台，利用人工智能技术实现数据的高效整合，形成知识图谱。从不同文化遗产场景传输过来的数据可能在格式和范式上存在较大差异，利用人工智能技术能够实现数据的快速整合，以提高数据采集的效率。国内外不乏以 AI 提升数据采集能力的典型案例。例如，如图 2-1 所示，欧洲文化遗产数据平台 Europeana，通过人工智能技术实现了大规模的文化数据采集和共享。该平台整合了来自欧洲各地博物馆、图书馆和档案馆的数字资源，利用 AI 进行数据分类、标注和检索，提高了数据的可访问性和利用率。人工智能技术帮助优化了元数据管理和语义搜索，使用户能够更便捷地找到相关文化资源。这种高效的数据共享方式促进了文化遗产的保护与传播[55]。

图2-1 Europeana平台

中国国家图书馆计划通过人工智能技术搭建一个"全国智慧图书馆体系"。中国国家图书馆希望依托国内已有数字图书馆基础设施、资源及服务网络建设成果，以及其与全国各级公共图书馆之间已有的较为成熟的行业协同网络，建设全国智慧图书馆体系，充分发挥全国各级公共图书馆在知识信息的采集、汇聚、加工整合及关联揭示等方面的专业技术优势，通过政府财政投入带动社会资本与社会力量进入该体系，整合国内知识服务领域头部机构在知识资源内容开发、知识服务产品集成、品牌渠道推广等方面的市场经验，联合打造面向未来的下一代图书馆智慧服务体系和自有知识产权的智慧图书馆管理系统，推动实现全国各级公共图书馆空间、资源、服务、管理等全面智慧化升级（见图2-2），用户可以通过线上平台获取丰富的数字资源，如古籍、文献和音视频资料。总

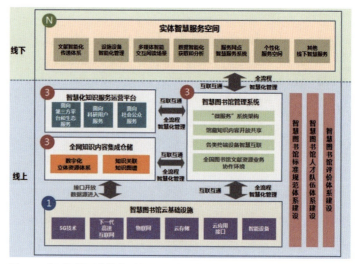

图2-2 全国智慧图书馆体系建设项目框架（部分）

的来说，人工智能技术能帮助分析用户的兴趣和需求，提供个性化的资源推荐，提升用户体验[56]。

## 2.3.2 文化资源活化利用的应用案例

公共文化服务领域的文化资源活化利用，目前比较典型的应用有古籍的识别与活化利用。北京如是人工智能技术研究院利用 OCR 技术搭建"如是古籍数字化

图2-3 如是古籍数字化工具平台

工具平台"，如图 2-3 所示。平台本身功能分为四大类：如是 OCR、智能标点、标点迁移、多文本比对。这种集多种功能于一体、专门针对古籍的设计使工作变得非常高效，在工作中也很流行。

此外，阿里巴巴推出汉典重光 OCR，平台首页如图 2-4 所示。平台提供书籍检索和全文检索功能，用户还可以通过筛选书籍名、作者、版本等信息进行精确检索，汉典重光还提供古籍数字化平台，在该平台中用户可以自行上传古籍图片，利用达摩院自研的古籍识别系统实现古籍数字化。

图2-4　汉典重光平台首页

此外，2022 年 3 月，北京大学数字人文研究中心接受字节跳动的公益捐赠，与字节跳动联合成立了"北京大学－字节跳动数字人文开放实验室"，致力于古籍资源的智能开发与利用，研发基于古籍智能化处理的"识典古籍"

图2-5　识典古籍平台首页

阅读与整理平台，平台首页如图 2-5 所示，面向社会公众提供古籍数字化资源的免费访问和利用。阅读平台设计了简单、易用的书库浏览功能供读者按类别浏览，阅读平台界面支持图文对照，古籍的阅读还支持三级目录的显示方式，同时支持隐藏注文、繁简转换等功能。整理平台设计了从 OCR 到实体校对等多个环节，支持元数据管理和任务分配，利用人工智能与计算机技术实现高效的人机协作，最大限度减轻人工整理的工作负担。

此外，文化资源活化利用较多的实现形式是利用 AIGC 将文化机构的数字文化资源转化为数字 IP 或数字内容产品。

例如，甘肃的张掖大佛寺作为西夏皇家寺庙，是西夏文化的重要载体。其在腾讯"探元计划 2023"支持下，推出数字 IP——党项公主"云灼"，如图 2-6 所示。专家团队运用腾讯混元大模型，对党项公主云灼的语气、动作、情感文化传达进行了大量训练。首先基于现有的历史背景，对云灼的艺术价值、制作工艺等进行深入分析，专家团队及项目组精心设计党项公主本地知识库；其次采用腾讯混元大模型结合本地知识库对云灼进行深度学习和训练，使云灼拥有"文化内涵"；最后借助先进的大小脑智能融合平台，为云灼打造专属音色和语气，凸显云灼的公主身份和性格。游客们通过和云灼互动交流，一步步深入了解西夏文化、陆上

图2-6　党项公主数字IP

丝绸之路的宗教文化、党项各民族风俗文化等，在视觉、听觉等交互中得到多重个性化文旅体验，使神秘的"西夏王朝"有了可观、可言、可谈的具体形象。

2024年，在马王堆汉墓考古发掘50周年之际，中国数字图书馆、成都文化产权交易所联合湖南博物院、哈佛大学中国艺术实验室，利用沉浸式的数字表现形式和AI技术，共同推出"生命艺术——马王堆汉代文化沉浸式数字大展"，海报如图2-7所示。整合全球领先学术资源，运用前沿的AI多媒体技术，全新演绎马王堆汉代文化背后的浪漫想象和永恒的生命哲学。

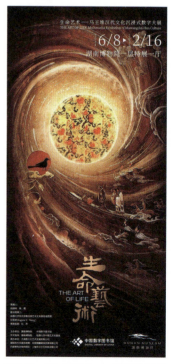

图2-7　"生命艺术——马王堆汉代文化沉浸式数字大展"海报

## 2.3.3 智慧文化机构建设的典型案例

智慧文化机构最广泛的 AI 应用之一就是智慧导览助手。例如，纽约公共图书馆引入了 AI 助手，为读者提供便捷的图书查找和信息咨询服务。通过自然语言处理技术，读者可以与 AI 助手进行对话，查询图书的馆藏情况，获取阅读推荐，甚至预约图书借阅。AI 助手能够实时分析读者的需求，并提供个性化的服务建议。此外，人工智能技术还用于图书馆的数据管理和分析，帮助优化馆藏布局和资源配置，提高了图书馆的运营效率和服务质量。再如，在腾讯"探元计划 2023"中，聚力维度公司针对三星堆博物馆馆藏特点和游览动线，设计了一个非常有趣的互动方案。以三星堆博物馆的镇馆之宝——青铜大立人为主要原型，设计了蜀堆堆的虚拟数字人形象，并采用世界领先的单目摄像头动捕技术打造出了实时动态交互场景。如图 2-8 所示，游客只需站在蜀堆堆面前，无须任何穿戴设备即可使蜀堆堆实时精准捕捉游客的面部表情及全身肢体动作，游客通过真人驱动蜀堆堆进行实时、高精度、高清表情和动作还原，在摆出根据三星堆博物馆文物改编的相同提示姿势的过程中，实现古今交互的联动。

图2-8　三星堆博物馆虚拟数字人动捕

此外，蜀堆堆从"数字导览员"的角色出发，帮助游客规划三星堆博物馆游览步骤，使得游客能够近距离感受三星堆文化。一是蜀堆堆在线上游客导览中规划了 4 条游览路线，分别是"镇馆之宝"路线、"神坛奇观"路线、"人像迷踪"路线、"焕新之旅"路线，每一条路线都对应着不同的参观安排，如图 2-9 所示。这种设置使游客可以根据自己的偏好选择不同的路线，不仅能体验个性化的游览方式，而且能有效避免游

图2-9　三星堆博物馆故事趣游体验路线

客聚集和漫长等待的问题，让体验回归到文化本身。二是在游览的过程中，蜀堆堆运用"社教融合＋激励"的方式进行智能导览，游客可以通过参与知识问答了解三星堆的历史文化。三是蜀堆堆与游客互动时的表情和动作设置融合了三星堆青铜大立人的标志性表情和动作，并根据音乐节奏和表演美感进行有机编排和组合，游客根据提示模仿相应的表情和动作，就可以与蜀堆堆一同挑战并完成"堆堆舞"。

## 2.3.4 文物保护修复领域的典型案例

在文物保护修复领域，目前国内外主要利用人工智能技术自动标注图像和文档，用于文物保护数据的预测分析，帮助文物机构制定更好的保护策略。主要案例包括：谷歌文化研究所利用人工智能技术推动文物修复项目。通过与全球各地的博物馆和其他文化机构合作，谷歌文化研究所使用高分辨率摄像技术和机器学习算法，生成文物的高清数字图像和三维模型。这些数字化文物不仅用于展示，还为文物修复提供了精确的数据支持。人工智能技术还可以分析文物的损坏情况，并模拟修复过程，提供最佳的修复方案。2019年GAC（Google Arts and Culture，谷歌艺术与文化）中国版本"观妙中国"（Wonders of China）上线，与包括故宫博物院、中央美术学院美术馆在内的40余家文化机构合作，为文化遗产的保护、展演和创意转化提供支持。

主要案例还包括：扫描全能王携手华南理工大学团队共同打造AI古籍修复模型，即敦煌遗书残卷的数字化修复专业化生成式人工智能。在对敦煌遗书进行图像处理之后，AI就会识别目前需要修复的区域并进行自动定位，随后自动判断这一区域需要修复的缺字或者字迹污损难以辨认情况，通过字形修补、褪色修复、背景补全等方式，完成古籍的数字化修复。扫描全能王识别核桃上的微雕文字如图2-10所示。

对于大遗址和不可移动文物，人工智能技术也可以助力相关人员

图2-10　扫描全能王识别核桃上的微雕文字

对其进行数字化保护。2021 年 9 月，意大利启动名为"RePAIR"的文物保护项目，使用智能机器人和无人机辅助开展庞贝古城遗址壁画碎片的修复工作，如图 2–11 所示。智能机器人配备了 AI 系统，能够自动检测和修复墙体裂缝和结构损坏外；无人机则用于拍摄和分析高空视角的遗址全貌，生成精确的三维数字模型。人工智能技术通过实时数据分析和处理，帮助考古学家预测和防范潜在的损坏风险。这样不仅提高了保护效率，还减少了人为干预对遗址的破坏。

图2-11　意大利庞贝古城遗址壁画碎片数字化修复

故宫博物院引入智能监测系统用于文物的保护。该系统利用物联网技术和 AI 算法，对故宫博物院内的文物进行全天候的环境监测，监测数据包括温湿度、光照、空气质量等参数，用户页面如图 2–12 所示。智能监测系统能够实时分析监测数据，识别出潜在的风险因素并及时预警。例如，当某一区域的湿度过高时，系统会自动通知相关人员采取措施，防止文物受潮。此外，智能监测系统还协助记录和分析历史数据，帮助制定长期的文物保护策略，尽可能延长文物的生命。

图2-12　用户页面

此外，在腾讯"探元计划 2023"的云冈石窟共建项目中，人工智能技术与缪子成像技术相结合，实现了文物的智能保护。如图 2–13 所示，通过缪子成像技术，高能粒子生成文物的高分辨率三维图像，这些图像数据被 AI 系统用于分析，以此来检测文物的微小损坏和变化。

AI大模型技术还实现了古画的精准修复。在2022百度世界大会上，百度展示了基于百度文心大模型"补全"《富春山居图》并题诗（见图2-14），让历史画作在当代重现，风格与现存真迹风格的一致程度让专家大为震撼。在只有一幅《富春山居图》样本的条件下，高度还原黄公望这位"元四家"之首的大师作品，呈现出与原作相近的绘画风格，展示了模型的迁移学习能力。

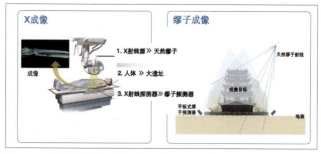

图2-13 缪子成像技术赋能云冈石窟场景可行性分析

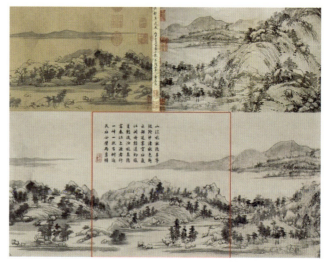

图2-14 百度文心大模型"补全"《富春山居图》并题诗（图中红框处）

在智慧文化机构建设中，AI助手的引入不仅简化了读者与游客的信息查询流程，还通过个性化服务增强了用户体验。纽约公共图书馆的AI助手优化了图书查找与咨询服务；三星堆博物馆的蜀堆堆虚拟数字人则通过实时交互技术为游客提供了生动的文化体验。在文物保护修复方面，AI技术的应用从高精度文物数字化到智能监测系统，再到助力文物复原，在虚拟世界里进行集成，实现高保真的复现，在文物保护修复的所有环节，AI均能显著提升保护修复工作的质量和效率，如谷歌文化研究所的高清数字建模以及故宫博物院的智能监测系统，都在不同程度上预防了文物的损坏。同时，AI技术还促进了文化数据的高效采集与分析，通过构建综合性数据平台，实现了文化遗产数据的整合与共享，提高了数据的可访问性。此外，文化资源的活化利用也得益于AI技术的支持，如数字IP的创造和虚拟现实体验的开发，使得传统文化能以新颖的形式展现给大众，进一步激发了文化创新的活力。

## 2.4 发展与建议

文化大数据政策驱动下,文化遗产的保护修复与文化资源的活化利用,已成为文化传承、文化消费、文化传播和文化治理等领域的应用中心。本章通过回顾当前国内外人工智能技术在公共文化服务领域的应用案例,探讨了人工智能技术在提升文化数据采集分析效率、创新文化资源活化利用、提升文化机构智能化服务水平、助力文化遗产保护修复、助力文物安全保护与防控 5 个方面的发展现状。

第一,在文化数据采集分析方面,人工智能技术通过智能算法和数据分析,有效整合了不同来源的文化数据,提高了数据的可利用性和共享效果;第二,在文化资源活化利用方面,AI 驱动的 VR 和 AR 技术为文化展示带来了新的可能性,增强了用户的互动体验;第三,在文化机构智能化服务水平方面,AI 赋能的智能导览系统和在线文化服务显著提高了文化资源的可访问性和用户体验;第四,在文化遗产保护修复方面,AI 结合 3D 建模和深度学习技术,实现了高精度的文物修复和实时监测,提升了文物保护修复的效率和科学性;第五,在文物安全保护与防控方面,借助 AI 技术进行图像分类识别,用于追踪被盗文化遗产,在避免文化遗产的流失上发挥了关键作用,提升了政府针对非法交易的应对能力。

尽管人工智能技术在公共文化服务领域的应用取得了显著进展,但仍存在不足之处。首先,"AI+ 公共文化服务"的技术结合度不足,主要原因是人工智能技术的开发和维护成本高,许多文化机构难以承担高昂的费用,导致技术应用的普及受到限制。其次,"AI+ 公共文化服务"技术的专业性和适应性还需提升,由于人工智能技术的使用还存在文化价值和伦理问题,不同区域和文化背景下的人们对人工智能技术的接受度和理解存在差异。再次,"AI+ 公共文化服务"的场景应用还需实现多元化,虚拟数字人、智能导游等创新智慧服务场景,以及针对农家书屋、专题博物馆等的数字资源布局与治理方案亟待探索。最后,"AI+ 公共文化服务"的数据标准化管理效能不足,AI 与管理决策的不一致导致公共文化服务领域的数据的完整性和准确性难以保障。

在实现人工智能技术在公共文化服务领域应用的落地过程中,应注重几个关键方面。首先,必须确保数据的完整性和准确性,AI 系统的有效运行依赖于高质量的大数据集,这需要建立健全数据采集和管理机制。其次,降低人工智能技术的开发和维护成本,使更多的文化机构能够承担技术升级成本,从而扩大其应用范围。此外,应制定和完善相关法律法规，规范人工智能技术的使用，确保文化数据的隐私安全，增强公众对人工智能技术的信任和接受度。在不损失文化品质的基础上，AI 可以通过多种途径赋能公共文化服务的普惠发展。首先，人工智能技术可以融入文化内容的创作和展示过程中，提升内容生产效能和文化艺术水准。其次，人工智能技术可以支持文化机构开展在线教育活动，扩大文化资源的传播范围和影响力。最后，人工智能技术可以促进文化遗产的保护、修复与文化资源的活化和利用。例如，人工智能技术 +3D 扫描和建模技术，可以精确记录和重建文物的三维形态，为文物修复提供科学依据；同时 AI 算法可用于分析文物的损坏情况，模拟修复过程，提供最佳修复方案；通过 VR 和 AR 技术，文化资源得以以新的方式展示和解读，增强公众对文化遗产的兴趣和认知。这些技术手段不仅提高了文化数据挖掘、采集和利用效率，提升了文化遗产的保护和修复效果，还推动了文化资源的创意转化。

在 AI 深度融入公共文化服务的进程中，人们必须正视并解决人工智能技术带来的文化价值和伦理问题，需要通过广泛的社会教育和宣传，使公众对人工智能形成科学、客观的认识。提高人工智能技术的透明度和可解释性，形成"企业自觉 – 政府监督 – 行业自律 – 公众监督"的多元共治格局。注重技术与人文的平衡与结合，确保人工智能技术在提升公共文化服务效率的同时，不牺牲文化内容的深度和内涵。

展望未来，人工智能技术在公共文化服务领域的应用将进一步拓展和深化。不论是通过数据标准建设、国际合作和数据共享以提升文化数据的完整性和准确性，还是通过降低技术开发和维护成本或者制定和完善相关法律法规以规范人工智能技术的使用，这些举措都将在实际落地与全民普惠层面，促进人工智能技术与公共文化服务进一步融合发展。

若要进一步改善人民生活的品质，系统性补足由公共文化机构至人民群众切实生活的"最后一块"文化发展短板，则要重构文化资源体系、拓宽个性服务范围、赋能专业支持体系[57]。注重人工智能技术的适当引入，解决传统公共文化服务的痛点、难点问题，而非为用技术而用技术。这不仅要求在技术上有所突破，还需要解决数据使用与开发成本问题，增强公众对 AI 技术的信任，并确保技术的应用符合当地文化和社会规范。

第 3 章

# 人工智能技术在艺术行业中的应用

CHAPTER **3**

# 3.1 当前AI在艺术行业的应用现状

## 3.1.1 AI技术在艺术创作中的应用概况

AI已经在艺术行业崭露头角。当前,迅猛发展的生成式人工智能,更是依赖其类脑神经网络技术基础,以一种"革命性创作工具"的姿态出现,其在诞生之初就迅速渗透到艺术创作、艺术教育、艺术品鉴赏与交易等艺术行业的具体环节,极大地推动了艺术与科技的融合[58]。本章将具体分析AI在音乐、舞蹈、戏曲、戏剧、美术等艺术行业的应用概况和应用的典型案例,并尝试预判未来发展方向,为艺术与科技的深度融合提供更具前瞻性的指导。

(1)音乐生成与风格转换[59]。如图3-1所示,人工智能可以通过学习大量的音乐作品,分析音乐结构和曲风,生成全新的音乐作品;可以学习和分析音乐理论和和声规律,辅助作曲家和编曲师进行和声创作;可以分析不同音乐风格之间的差异,实现音乐风格的转换。

图3-1 国内人工智能音乐服务商DeepMusic自主研发的专业AI音乐生成软件

(2)舞蹈动作捕捉与模拟[60]。如图3-2所示,人工智能技术可以通过高精度的动作捕捉系统,实时追踪和分析舞者的动作数据,将其转化为数字化的信息。这使得舞蹈创作者和编舞家可以更加准确地分析和编辑动作,提高创作效率和表现力。

(3)戏曲唱腔分析与创造[61]。人工智能通过语音识别和音乐分

图3-2 AI无标记动作捕捉演示

析技术，复现梅派的婉转或马派的高亢，将这些经典的戏曲唱腔以数字化的形式保存，甚至创造出新的唱腔变体。

（4）戏剧表演的智能分析与评价。如图3-3所示，人工智能技术可以通过精准分析戏剧演员的面部表情、声音和肢体动作来识别其情感状态，为演员提供即时反馈，帮助他们更好地理解角色的心理状态，并在表演中更准确地表达出来。

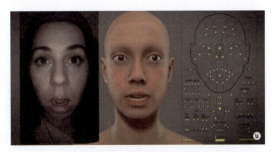

图3-3　利用神经网络模型来捕捉演员面部细微表情变化

（5）美术作品的智能生成与风格转换。如图3-4所示，人工智能程序在收到"语言描述"指令后，可以根据自身的算法生成图像。同时，人工智能利用CNN（Convolutional Neural Network，卷积神经网络），掌握各艺术流派独特的风格特征，然后将这些特征应用于目标图像的内容特征，实现风格的精准转换。

图3-4　利用百度文心大模型智能生成多样化的AI创意图像

## 3.1.2　AI技术在艺术教育与推广中的作用

AI技术在艺术教育与推广中的作用主要体现在以下几点。

（1）智能辅助音乐教学系统。如图3-5所示，借助人工智能进行音乐教学，能够让学生创作出属于自己的音乐作品，也可以进行音乐合成与训练；了解音乐教学大纲中的知识点，对演唱和演奏形式、音色辨别和曲式结构进行更为准确的把握，对调式辨别和音乐体裁及音乐要素的特点、风格等形成全新认知[62]。

（2）舞蹈训练的智能分析与指导。人工智能动作识别技术可以通过使用摄像头对舞者的动作进行实时捕捉，以高精度方式进行分析、评估和反馈。该技术通过分析舞者的动作数据和技巧水平，了解他们的强项和改进的空间，并根据这些信息制订针对性的训练计划[63]。例如，迪生数字与北京电影学院舞蹈动作分析与虚拟仿真实验室合作，共同推动舞蹈教育数字化进程，如图3-6所示。通过使用顶尖的Vicon动作捕捉系统，结合强大的软件，舞蹈动作可以被准确地转化为数字化的动捕数据，为舞蹈研究和实践提供了有力支持。

图3-5 音乐教师利用人工智能技术进行音乐教学

（3）戏曲与戏剧的智能教学平台。人工智能拥有强大的记录、分析功能，可直接用于戏曲与戏剧的训练、教学过程记录、教学成果分析、教学标准和模型建立、评价机制建构等工作，从而帮助学生更好地理解和掌握戏曲与戏剧的表演技巧和艺术精髓，提高教育质量和学习效果。例如，如图3-7所示，五邑大学邑影相随实践队利用AI算法实现机器人模仿人体动作来表演皮影戏，他们在蓬江区天福社区开展了暑期夏令营之"红领巾学皮影"活动，教小朋友们设计红军角色人物，

图3-6 北京电影学院舞蹈动作分析与虚拟仿真实验室

图3-7 邑影相随实践队利用AI算法实现机器人模仿人体动作来表演皮影戏

并与小朋友们共同完成了机器人皮影戏《闪闪的红星》。小朋友们从构思、绘制、剪裁、雕刻、上色、拼装、表演等步骤，沉浸式体验皮影艺术，增强对非遗皮影的学习兴趣[64]。

（4）美术教育的个性化推荐与学习路径设计。利用人工智能大数据、AI算法、图片识别等功能，可以帮助教师和学生快速获取相关学习素材，极大地节省了搜索资源的

时间，也有利于学生和教师的思维拓展，使教学不局限于课本知识[65]。如图3-8所示，利用VR技术、5D技术为美术课堂提供沉浸式、情景式的直观教学，增强视觉、触觉、听觉的感官体验，让美术课堂更加生动有趣，使学习更加高效。

图3-8　中央工艺美术学院附属中学教师利用VR技术上名画赏析课

## 3.1.3 AI在艺术品鉴赏与交易中的影响

AI在艺术品鉴赏与交易中的影响主要体现在以下几个方面。

（1）音乐作品自动分类与推荐系统。通过人工智能技术，系统可以根据用户的历史听歌记录、偏好和行为数据，分析用户的音乐品位并生成相应的推荐列表，如图3-9所示。利用机器学习算法和自然语言处理技术，系统能够自动识别音乐的特征和情感，并将具有相似属性的歌曲进行分类和推荐。

（2）舞蹈视频的智能分析与评价。如图3-10所示，人工智能可以对舞蹈视频中的舞台音乐、背景布置、舞者情绪、舞蹈动作等大量数据进行分类抓取、综合比对，为观众、舞者、舞蹈编导等提供更立体、详细的分析与评价。

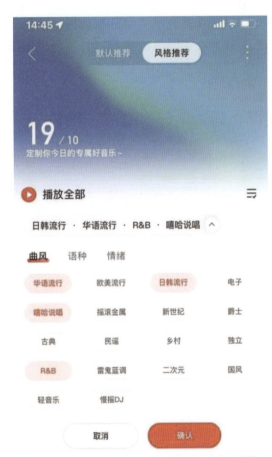

图3-9　网易云音乐"每日推荐"功能为用户精准推荐最符合其心意的歌曲

（3）戏曲与戏剧的数字化保存与传播。如图3-11所示，文化和旅游部艺术发展中心联合腾讯共同发起并由腾讯多媒体实验室启动"中国戏曲文化数字焕新行动"。利用人工智能影像修复、沉浸式媒体、6DoF（6 Degree of Freedom，6自由度）、点云建模等技术，让经典戏曲与戏剧作品实现高清、永久保存和便捷传播，让传统戏曲与戏剧影像焕然一新、程式动作更立体，并使戏曲与戏剧获得更大传播空间，收获更多年轻观众。

图3-10　上海大学上海电影学院师生开发"智能民间舞"App让手机变成"练舞魔镜"为舞者智能打分

（4）美术作品的真伪鉴别与市场分析。人工智能可以对美术作品的画笔轨迹、颜料成分和绘画技法进行分析，与真迹进行对比，从而识别伪造的可能性。此外，人工智能还可以分析美术作品的笔触、纹理和绘画风格等特征，利用RNN（Recurrent Neural Network，递归神经网络）模型系统，把美术作品拆解成单个笔触或者线条，如图3-12所示，与同一艺术家的其他作品进行对比，进一步确认其真伪，有利于提高美术作品市场透明度。

图3-11　文化和旅游部艺术发展中心联合腾讯共同发起并由腾讯多媒体实验室启动"中国戏曲文化数字焕新行动"

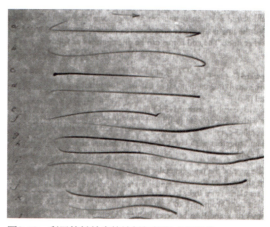

图3-12　利用笔触轮廓算法拆解笔触或者线条

# 3.2 AI在艺术行业应用的主要方向

## 3.2.1 AI在艺术创作中的融合

（1）利用AI技术创作个性化音乐作品。AIGC创作音乐作品的应用尚处于萌芽阶段。究其原因，相比文字、视频，音乐创作仍存在工具门槛。音乐创作流程包括撰写歌词、创作旋律、编曲、录制，成本包括作词作曲成本、录音棚租赁和后期制作成本，对于专业技能和资金基础都有一定要求，过去也有一些音乐创作引擎出现，大幅降低了操作难度，但使用时仍需要掌握音轨导入、下载MIDI文件等操作，且需要一定费用，因此人工创作尚不能被AI取代。解决情感理解和表达匮乏问题是音乐创作类产品商业化的关键。AI音乐模型需要做到多模态理解，通过结合其他艺术形式，如文学、视觉艺术等，进行多模态学习，从而更全面地理解和表达情感。

（2）基于AI的舞蹈编排与动作创新。舞蹈中，借助AI的创作与AI题材的创作是两种不同的应用方式。前者将AI看成技术"工具"来应用，当前主要体现在舞蹈编排、舞者动作分析和舞台景观效果布置上，或服务于舞蹈教学、编创，或助力于舞蹈视频生成等方面，其中既有"陌生化"的惊喜，也出现了"同质化"的趋势；后者更像是一种"思想实验"的艺术化表达。我国舞蹈界出现标志性的AI创作应用尚需时日。现阶段AI更擅长"算法"和"模型"而非"艺术体悟式"思维。相关从业者还需要进一步探讨如何设计和使用AI，尤其深耕更适配舞蹈场景需求的"专用大模型"。

（3）AI辅助戏曲唱腔的创作与优化。从涵盖各个剧种与名家代表作的"像音像"工程，到游戏虚拟人物演绎京剧经典唱段，再到晚会里真人表演戏曲同时搭载全息背景，"戏曲+AI"已有各种有益尝试。未来要建立戏曲艺术的全方位数据库，通过数字化、数据化的方式，全方位整合文字、曲谱、音视频资源。这样不但可以留存艺术家最好的表演和剧目完整的舞台呈现，同时也可以对流派唱腔、程式、音乐等一系列表演方式加以分类、整合与分析，为后人的学术研究、传承发展提供有益参考。

（4）AI在戏剧剧本创作与表演中的应用。尽管AI技术在戏剧剧本创作与表演中的应用已经取得了显著成果，但仍面临许多挑战。首先，AI技术无法完全替代人类的创造力和情感表达。在表演中，演员的独特气质和情感投入是无法被技术复制的。因此，AI技术应当被视为一种辅助工具，而非替代品。其次，随着AI技术的不断发展，如何保护知识产权和防止技术滥用也成为一个亟待解决的问题。就我国自身而言，开发出像 OpenAI 一样绝对主流、稳定应用级的大模型是当务之急。

（5）结合 AI 技术的美术作品创作与风格探索。人工智能虽然能够创造出具有新风格的美术作品，并且这些作品在真伪性方面足以在图灵测试中欺骗艺术爱好者。但这种创新实际上是在一定限度内对现有艺术规则的挑战和偏离。在这个过程中，AI 难以复制人类艺术创作中的非理性元素，如直觉和灵感。AI 生成的作品可能与人类艺术家的思维模式有所差异，有时甚至会产生一些风格怪异或令人不安的美术作品。未来，加强对 AI 的引导和约束显得尤为重要。设计一个可控的超级 AI，确保其为人类带来积极影响，是亟待实现的重要课题。

## 3.2.2 AI在艺术教育与培训中的创新

（1）个性化音乐教育解决方案。未来人工智能音乐教育可以通过分析学生的演奏技术和表现，为学生提供个性化的音乐学习建议和指导，帮助他们更好地掌握音乐技巧和提高表现能力。AI 可以根据学生的音乐水平、学习习惯和个性化需求，为学生量身定制个性化的学习计划。同时，它可以自动生成适合学生的音乐练习曲目，帮助学生提高练习效率和效果。

（2）舞蹈训练的智能监控系统。人工智能在舞蹈智能辅助教学、动作分析以及提升教育公平性等方面有着光明前景。随着人工智能的智能辅助教学和动作分析功能的优化，越来越多的学生能够在短时间内掌握舞蹈技巧，优质舞蹈教育资源将更加普及。同时，利用 AI 提供智能化的产品和服务，不仅为舞蹈机构提供了降本增效的解决方案，还为学生在舞蹈练习中提供了轻松式、陪伴式的解决方案，成为机构教学的友好补充和学生课后练舞的"神器"。

（3）戏曲唱腔的智能学习与分析。人工智能技术在戏曲教育中的应用主要体现在帮助学习者更好地理解和掌握戏曲唱腔。未来，AI 能够分析戏曲唱腔的音频和视频资料，提取出关键的特征和技巧并根据学习者特点生成个性化的学习材料，帮助学习者更快地掌握唱腔的技巧和表达方式。

（4）戏剧表演技能的智能分析与提升。一是情感分析与响应。通过分析演员的面部表情、声音和肢体动作来识别他们的情感状态，为演员提供即时反馈，帮助他们更好地理解角色的心理状态。二是虚拟实境训练。为演员提供一个虚拟、可控的训练环境，允许他们在该训练环境中进行训练，提高应对各种复杂情况的能力。三是个性化角色创造。

帮助演员和导演创造独特的、个性化的角色。四是作为导演的智能助手。AI可以作为导演的智能助手，帮助他们进行场景选择、演员调度、摄影机位置选择等方面的决策。

（5）智能美术教育平台与工具。美术教育领域人工智能通用大模型，将会为全年龄段学习者提供更加高效、个性化的美术教育服务，进一步推动美术教育领域的数字化转型和创新发展。AI美术助教将被越来越多地应用于学校美术教育中，它以千亿参数多模态大模型GLM（General Language Model，通用语言模型）作为平台与技术基座，可以服务不同学科领域的教与学，不仅能够提供24小时的个性化学习支持、智能评估和反馈，还能辅助学生进行深入思考、激发学习灵感。

## 3.2.3 AI在艺术市场与管理中的改革

（1）音乐作品的市场趋势预测与受众分析。一是分析大规模的音乐数据，更准确地理解音乐市场的动向和受众偏好。二是利用机器学习和深度学习技术识别音乐中的模式和趋势，预测何种类型的音乐在市场上更具吸引力。三是实时监测音乐市场的变化和趋势，快速捕捉到新的音乐风潮和受众需求的变化。四是对音乐和相关评论进行情感分析，了解受众对不同音乐作品的情感倾向，从而帮助预测哪种类型的音乐更可能受到欢迎。

（2）舞蹈作品的受众反馈与市场推广。在受众反馈方面，随着人工智能算法驱动被广泛运用在影视海报设计、影视推广和广告营销等方面，大数据能将舞蹈作品的市场反应快速且客观地反馈给创作团队，以确保作品立意、形式、内容及时更新。在市场推广方面，随着更加智能和交互性更强的舞蹈表演形式的出现，观众还能够与舞者进行更加紧密的互动，剧场将为观众提供沉浸式和更加个性化的艺术体验，这将有利于推动多元化舞蹈作品的市场传播[66]。

（3）戏曲与戏剧的市场竞争力分析。在剧本创作和角色塑造方面，AI能够辅助戏曲与戏剧作家进行创意构思，提高剧本的质量和观赏性。在舞台表演和舞台效果优化方面，AI的应用能够提供沉浸式的观剧体验，使传统的戏曲与戏剧艺术焕然一新。在市场推广方面，AI通过对市场数据的分析，为制作团队提供有针对性的优化建议。

（4）美术作品的投资价值评估与市场定位。AI应用于美术作品市场数据分析，可以提供更准确的作品估值和市场预测。AI美术作品推荐系统可以根据用户的兴趣和偏好，为其推荐合适的美术作品。AI美术作品鉴定与验证可以通过图像识别技术和专家系统，帮助鉴定与验证作品的真实性和品质。同时，人工智能与区块链技术的结合，可以提升美术作品交易的透明度和流动性。

# 3.3 AI在艺术行业应用的典型案例

## 3.3.1 AI在音乐领域的典型案例

（1）AI音乐创作平台。一些厂商应用AI数字生成技术，将创作音乐作品的步骤压缩为撰写简单的关键词、描述句，试图打造"全民音乐家"的盛世，比如知名度较高的AI音乐应用Suno、Udio就是面向普通人群的音乐创作平台。面向专业人群的音乐创作平台也已经出现。例如，网易天音平台支持用户免费创作自己专属的AI歌曲。网易天音AI音乐创作操作界面如图3-13所示，这个平台具备覆盖词、曲、编、唱、混等音乐创作全流程的AI创作辅助功能，其中部分专业功能具备生产力级别的专业音乐创作水准，能够满足专业人群的需求。

图3-13　网易天音AI音乐创作操作界面

（2）AI音乐推荐系统。AI音乐推荐系统是基于人工智能技术开发的一种个性化音乐推荐工具。通过分析用户的音乐偏好、历史听歌记录、社交网络等信息，AI音乐推荐系统可以准确把握用户的音乐偏好，为用户推荐符合其音乐品味的歌曲。例如，如图3-14所示，音乐流媒体平台Spotify就采用了AI音乐推荐系统，并将其成功应用于音乐推荐

图3-14　Spotify音乐推荐系统操作界面

功能中。用户可以在Spotify上通过简单的用户反馈，例如"喜爱"或"不喜爱"某首

歌曲，使系统根据用户的个性化需求，不断优化推荐结果。

（3）AI辅助音乐教学。由人工智能技术衍生出的电子乐器功能开发、计算机编曲、电子音乐技术、数字化音乐设计智能工具，改变了传统音乐教学模式，提高了音乐学习效率。如图3-15所示，天津音乐学院大学生创业团队星空电子交响乐团应用AI将一些经典的电影音乐、游戏音乐进行重新编配，并运用更多样化的智能电子乐器进行重新演绎。他们面向中学生举办了"绽放青春，筑梦舞台，高雅音乐进校园"活动，将科技与音乐教学紧密结合，上演了一场智能电子交响音乐会。

图3-15　天津音乐学院星空电子交响乐团用智能电子乐器诠释音乐

### 3.3.2　AI在舞蹈领域的典型案例

（1）AI舞蹈动作捕捉与分析。网络上有一些应用将现实中人们的舞蹈视频通过AI人体捕捉（AI-powered Human Body Tracking），捕捉动作，再与动漫人物或现实中的人物照片相结合，生成动漫人物或虚拟人物在虚拟空间中跳舞的视频，实现"远程身体""虚拟身体"的舞蹈再现。例如，由游戏科学公司推出的国产首部3A游戏《黑神话：悟空》在游戏设计中就使用到动作捕捉技术，使得该游戏的动作制作效率至少提升约30%。同时，AI的参与使角色的动作更加真实、流畅。为保证游戏中虚拟形象的实时交互，通过动捕方式1:1记录真实人物神态、身姿及行动细节，对2D图像快速进行3D重建，并通过准确识别标记点，运算输出标记点质心数据，反馈系统通过算法计算实时驱动动画形象。如图3-16所示，《黑神话：悟空》中"齐天大圣""天命人""虎先锋""廲道人"等的技能动作，都基于真人演员们在杭州的动作捕捉拍摄棚内完成的动作。

（2）AI舞蹈教学系统。当前一些应用人工智能开发的舞蹈教学App已经受到用户广泛认可。例如，"跳跳舞蹈"就是一个专业的舞蹈学习与共享软件，能够提供丰富的教学内容，包括街舞、爵士舞、拉丁舞等多种舞蹈类型，如图3-17所示。它由一支专业的舞蹈教师队伍，设计各种不同的舞蹈教程，帮助用户掌握专业的舞蹈技术和舞步。"舞氪"则是以跳舞健身为主题的软件，提供各种不同的舞蹈课程及教学录像，包括有氧舞、肚皮舞、瑜伽舞等多种舞蹈类型，对用户进行针对性的教学。"学跳广场舞"是一款专门为学习大众广场舞而开发的App，提供大量的教学视频、舞蹈社群，使用户能够很容易地学会广场上流行的舞蹈动作。

（3）AI舞蹈编排助手。在艺术语境中，舞蹈编排被视为在空间和时间中对动作的组织。AI与舞蹈艺术相结合，从表演载体到动作创新所进行的数据化、超现实化，创造了一个集科技、身体动作为一体的舞蹈"E托邦"。在"E托邦"世界，更加强调舞蹈的"具身性"，虚拟身体、人机交互和舞蹈艺术共同构建了"未来-身体"的意义生成和艺术表达。2023世界人工智能大会在上海举办，如图3-18所示，大会上展示了由人工智能编舞、智能机器人表演的带有未来主义色彩的舞蹈《千手观音》。这些机器人

图3-16 《黑神话：悟空》游戏的真人演员在进行动作捕捉拍摄

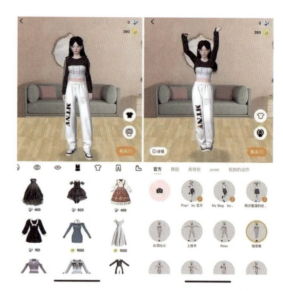

图3-17 舞蹈教学软件采用手机自拍全身动捕AIGC工具打造出具有三维交互能力的虚拟数字人辅助用户学习舞蹈

图3-18 2023世界人工智能大会上展示了由人工智能编舞、智能机器人表演的带有未来主义色彩的舞蹈《千手观音》

的舞蹈并非通过编程实现，而是通过 AIGC 技术实现，即智能机器人通过大模型快速学习和分解人类舞蹈动作，进而生成相应的机器动作。

### 3.3.3 AI在戏曲与戏剧领域的典型案例

（1）AI 戏曲唱腔分析与创造。人工智能通过语音识别和音乐分析技术，复现各传统经典戏曲唱腔流派的演绎，将这些经典的唱腔以数字化的形式保存，甚至创造出新的唱腔变体。例如，如图 3-19 所示，2021 年由中央戏剧学院与北京理工大学联合发起的创新尝试"梅兰芳孪生数字人"项目，旨在利用高保真 AI 数字人技术，复现京剧艺术巨匠梅兰芳先生的形象。该项目不仅探索了中华文明精神与京剧国粹文化的传承新途径，而且标志着传统艺术与现代科技的深度融合。

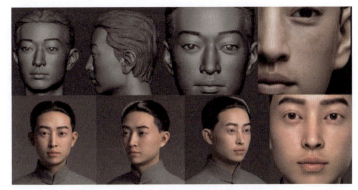

图3-19　通过高保真AI数字人技术创造"梅兰芳孪生数字人"

（2）AI 辅助戏剧创作。玄幻、科幻特效一直都是影视行业里花钱又费时的"硬骨头"。AI 大模型的涌现让这类影像的制作门槛变低。例如，国内首部 AIGC 原创奇幻微短剧《山海奇镜之劈波斩浪》在快手平台发布后备受关注，宣传海报如图 3-20 所示。其主创团队耗时 10 多天，通过多种 AI 大模型，做出了时长近

图3-20　国内首部AIGC原创奇幻微短剧《山海奇镜之劈波斩浪》宣传海报

2分钟的《山海奇镜之劈波斩浪》预告片，这在传统影视行业里，属于不可能完成的任务。从制作过程来看，该微短剧的编剧、剪辑、配音由真人完成，但画面都由AI实现，先用Midjourney文生图，再用快手可灵图生视频，部分配乐也通过AI生成。

（3）AI虚拟戏曲与戏剧演艺。近年来国内出现一批结合大数据与人工智能打造的沉浸式体验剧场项目。例如，2022年古装奇幻电视剧《苍兰诀》在爱奇艺独播后，凭借精彩的剧情、精美的服化道以及演员们出色的演绎，赢得了众多观众的喜爱，积累了大量的粉丝。2024年，由爱奇艺与X-META元宇宙乐园联合出品的《苍兰诀》VR全感剧场正式亮相，如图3-21所示，用最新的技术加持这部经典电视剧，让观众在重温经典剧情的同时，能有全新的体验。同样由经典电视剧衍生出的娱乐体验项目，还有爱奇艺开发的《唐朝诡事录·西行》国潮沉浸剧场，如图3-22所示，借助虚拟现实技术、全感装置、影视级置景将历史场景数字化重现，将大唐古都长安的历史文化更加生动地呈现给观众。

图3-21　爱奇艺与X-META元宇宙乐园联合出品的《苍兰诀》VR全感剧场

图3-22　爱奇艺开发的《唐朝诡事录·西行》国潮沉浸剧场

# 3.3.4　AI在美术领域的典型实例

（1）AI美术作品创作工具。人工智能已成为贯穿新生代大学生作品的关键词。

2024年6月,"华东师范大学设计学院二十周年学生作品展"在刘海粟美术馆举办。如图3-23所示,《人工智能生成中国古诗词画意》以中国传统文化中的古诗词、古画为切入点,结合人工智能的创新技术和中国古代诗词绘画的艺术特色,生成富有中国历史文化特色的古诗词美术作品。观众们几乎看不出这些作品是人工智能的杰作,还以为是某个博物馆的藏画。创作者们还运用生成式人工智能、声感呈像、数字人及虚拟现实等前沿数字技术,创造沉浸式的四维空间体验。

图3-23 华东师范大学设计学院二十周年学生作品展上展出的《人工智能生成中国古诗词画意》

(2) AI美术作品鉴赏系统。国外已出现利用人工智能来鉴定美术作品的研究。目前AI技术能够实现分析已知为真的美术作品的笔触或者线条,或在千兆字节范围内把画面分割成约1.3万块小瓷砖图形,之后将真品和鉴品进行分析与比对,根据二者的细微差别,结合作画者的美术作品风格,鉴别作品的真伪。例如,美国新泽西州立罗格斯大学和荷兰绘画作品恢复和研发工作室的研究人员,将毕加索、马蒂斯、莫迪利亚尼等著名艺术家的美术作品分解为8万多个单独笔触或者线条,然后用机器算法来寻找美术作品中的特定特征,如分析线条的形状与笔触的轻重,以辨别真伪,如图3-24所示。

(3) AI辅助美术教学平台[67]。我国的学校教育

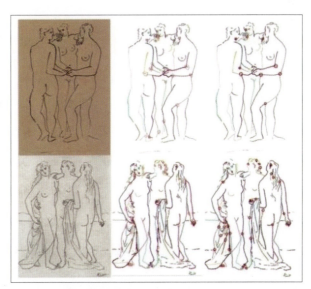

图3-24 AI通过分析毕加索的美术作品用笔轻重、转折角度等特征可以辨别哪幅美术作品属于毕加索

已经越来越多地将人工智能应用到美术教学领域。例如，2024年山东工艺美术学院将人工智能通识课程作为必修课程，面向全体新生推出。为推动人工智能赋能专业建设、赋能教育教学，该学院规划了系统、课程、平台、模型、教材、师资等6个方面，并不局限于开设一门人工智能通识课，而是将人工智能推进所有专业、渗透到所有课程。在教学实践中，由学院师生组成的团队通过模型训练，用潘鲁生民艺馆收藏的布老虎，生成了一系列结合当下生活方式的创新布玩具，令人眼前一亮，如图3-25所示。

图3-25　山东工艺美术学院通过模型训练用潘鲁生民艺馆收藏的布老虎生成的创新布玩具

（4）AI虚拟美术馆策展。国内外已经出现不少应用人工智能技术打造数字艺术画廊的案例。例如，在深圳蛇口一家浮法玻璃厂，主创者们成立了奥雅绽放数字艺术馆，致力于打造中国首个工业遗址数字艺术馆、首个元宇宙体验中心。整个艺术馆底层有两个大纵深空间、上层有4个大筒仓以及7个分层小空间。该艺术馆以"The Next Generation Experience"为主题，是面对未来人群的、全新的数字化体验馆，观展观众在游览整个大筒仓的过程中会感到仿佛置身于令人目不暇接的数字艺术花园，在虚拟与现实之间不断切换。观众参观奥雅绽放数字艺术馆如图3-26所示。

图3-26　观众参观奥雅绽放数字艺术馆

随着全球新兴技术的迅速发展，人工智能已成为各国竞相布局的重要领域，也是引领未来发展方向的关键力量。在人工智能赋能艺术行业的赛道上，我国已积累了一定经验，前瞻性地将人工智能引入艺术行业，实现有序、可控、安全的深度融合，为我国文化艺术发展注入蓬勃向上的生命力。

第 4 章

# 人工智能技术在非物质文化遗产领域中的应用

CHAPTER 4

## 4.1 非遗领域 AI 应用现状概述

中国非物质文化遗产（以下简称"非遗"）是中华优秀传统文化的重要组成部分，来源于过去但以活态形式存在于当代，其社会、经济、艺术、科学等方面的多元价值仍然在当代发挥着作用。近年来，非遗的保护、传承与发展备受国家重视，也得到了公众的广泛关注，已然呈现社会各方广泛参与保护、谋求多赢的良好局面。

随着人工智能相关技术的应用范围不断扩大，国内非遗领域也开始出现人工智能介入非遗本体传承发展、参与非遗保护各项措施的一些萌芽期案例。联合国教育、科学及文化组织（以下简称"联合国教科文组织"）于 2021 年发布的《人工智能伦理问题建议书》（以下简称《建议书》）中明确指出"人工智能技术的快速发展对以合乎伦理的方式应用和治理人工智能技术以及对尊重和保护文化多样性提出了挑战，并有可能扰乱地方和地区的伦理标准和价值观"，鼓励各国酌情将人工智能系统纳入非遗等的保护、丰富、理解、推广、管理和获取工作。可见，国际社会也已就人工智能对文化多样性及非遗保护的正负影响予以关注。

基于此，作者对这一细分行业领域已出现的相关案例进行搜集和整理，从非遗的活态传承、保护研究、传播教育、发展振兴 4 个方向进行辩证分析，就人工智能辅助非遗保护的应用方向予以初步展望。

### 4.1.1 人工智能已开始应用于非遗产品的设计与推广

部分非遗门类涉及产品与服务贸易，AI 相关技术首先在这些非遗门类的产品设计与推广中落地应用，在经济效益驱动下得到了相对快速的响应。在国内，AI 相关技术落地应用主要涉及生产性保护所辖非遗门类，包括传统美术、传统技艺等。生产性保护旨在以有效传承非遗技艺为前提，借助生产、流通、销售等手段，将非遗及其资源以产品形式、产业形态进行自主传承。人工智能相关技术业已开始介入少量非遗产品链、产业链的多个环节。

其一,"文生图""图生图"的应用范围不断扩大,最先介入与视觉艺术相关的非遗门类,包括传统美术、传统技艺等。人工智能生成内容开始辅助这些门类非遗产品的设计,助推产品外观创新、消费模式创新等。

其二,AI 数字人直播技术开始应用于一些非遗产品的推广营销环节,补足非遗传承人在网络营销能力等方面的短板。

生成式人工智能可助力部分非遗门类的传承和发展不再受产品设计、营销等现代辅助性工种的制约,帮助非遗产品自主适应现代审美与消费需求。

## 4.1.2 AI 相关技术应用于非遗保护的潜能可观

联合国教科文组织发布的《保护非物质文化遗产公约》中给出的非遗保护措施包括确认、立档、研究、保存、保护、宣传、弘扬、传承和振兴[68],而人工智能相关技术可从不同维度应用于这些保护措施。

回顾数字信息技术应用于我国非遗保护的历史,我国在保护事业开端即将建立数据库、实施数字化记录等列为保护措施。2005 年,中华人民共和国国务院办公厅(简称"国务院办公厅")发布的《关于加强我国非物质文化遗产保护工作的意见》中提出:"要运用文字、录音、录像、数字化多媒体等各种方式,对非物质文化遗产进行真实、系统和全面的记录,建立档案和数据库。"随着信息化、数字化手段在文化遗产保护中的深化应用,2021 年中共中央办公厅、国务院办公厅印发的《关于进一步加强非物质文化遗产保护工作的意见》中进一步提出:"加强对全国非物质文化遗产资源的整合共享,进一步促进非物质文化遗产数据依法向社会开放"。可见,我国非遗保护事业已具备一定的数字化基础,且正处于数据资源整合、共享和开放的关键时期。AI 相关技术可在非遗数据资源整合、管理、配置,以及共享开放等方面提供突破性、结构性的技术支撑,也将拓展非遗系统性保护、创造性转化、创新性发展的实现维度。

其一,人工智能相关技术可助力非遗数据资源的保存与开源,在数据深度挖掘、转化应用方面发挥突出作用,拓展非遗活化利用范围、支撑当代文化艺术创新。

其二,生成式人工智能在非遗宣传弘扬、公众教育等领域的应用前景广阔。其中,文本撰写、图片设计、音视频剪辑等基础性工作可逐步由生成式人工智能相关应用承担;随着技术应用的深化,AI 将大幅提升非遗传播、教育的效率和效果。

当前非遗保护行业应主动认知、积极对接 AI 等新兴技术,将非遗保护的各项措施有序推进到数字化、智能化水平。

## 4.1.3 警惕AI对非遗传承的潜在风险

联合国教科文组织在《建议书》中明确指出:人工智能可能对人类文化多样性和多元化产生负面影响,需要就 AI 对社会、文化等的影响开展持续评估,在发展人工智能技术的同时铭记保护文化多样性、保护文化遗产的重要性[69]。因而,作者对当前 AI 应用于非遗领域的相关案例进行了辩证思考,从多个角度归纳其潜在风险。

其一,与视觉艺术相关的非遗门类首先受到冲击。与视觉艺术相关的非遗门类包括传统美术、传统技艺等,这些非遗门类在 AI 技术广泛应用后将首先受到较大冲击。原来由人工完成的图样设计、绘制环节可能由 AI 生成所替代。

其二,非遗相关知识产权争议将会进一步复杂化。当前,非遗领域知识产权争议、非遗传承人相关权益保障问题层出不穷,而这些问题在 AI 介入后将会进一步复杂化。比如,传统戏剧、曲艺等表演类非遗传承人可能面临声音权被侵害风险。《建议书》中也列举了 AI 对语言和表达的深度影响,提出要警惕"减少使用自然语言可能导致濒危语言、地方方言以及与人类语言和表达有关的语音和文化差异的消失"。

其三,非遗传承可能面临传习和精进技能动力减退问题。在原有传承体系下,由于 AI 助力非遗数字资源转化应用的高效、高收益,传习和精进技能等基础实践环节就显得更加困难、动力不足,这使得非遗传承人在传习、精进实践中投入的时间、精力可能被压缩,烦琐而精湛的技艺失传风险就会增大。

基于此,人工智能对一些非遗门类的传承状况及其传承动力可能会造成冲击。当前迫切需要就 AI 对这些文化事象和艺术表现形式可能造成的影响进行研判和防范,加强对相关法律政策、伦理制度、实操应用的研究,促进人文伦理、遗产保护观念融入相关智能产品和服务之中。

# 4.2 非遗领域AI应用的主要方向

## 4.2.1 AI在非遗活态传承中的应用及风险防范

非遗形态多元、门类庞杂,既包括口头艺术及传统音乐、舞蹈、戏剧、曲艺等表演艺术,又包括传统手工艺,还包括节庆仪式等传统文化活动,因而AI在不同形态、门类非遗本体传承中应用的维度也是多元、复杂的。从已有案例可看到,AI的合理应用可为一些非遗门类活态传承提供正向因素,但也需要注意其对非遗稳定传承的潜在影响。

### AI可按需生成传统手工艺图样

AI相关应用可生成许多较为大众的传统手工艺图样,而在学习某项特定传统手工艺项目相关数据后,AI相关应用也可按需生成与原艺术样式相对匹配的新图样,用于作品创作与产品设计。比如,AI绘画软件Midjourney在用户输入相关提示词后可大量生成木雕、刺绣、剪纸艺术等样式的龙图样,且生成的图样具有一定的传统手工艺技法细节,如图4-1所示。

图4-1　AI绘画软件Midjourney生成的多项传统手工艺图样

目前已有AI驱动的设计平台开始基于特定非遗项目的数字内容训练模型。比如,造物云在Civitai平台开源了许多中国传统文化模型,并计划建构中国非遗艺术大模型,目前已开发10余个非遗相关模型,如珐琅彩、苏绣、瓷板画模型等,如图4-2所示,这些模型可提供大量非遗项目相关产品和作品图样。

在此基础上，已有非遗相关企业将借助 AIGC 设计的产品投入生产。如万事利集团设立了"万事利 AIGC 实验室"，将 AIGC 图形创意生成技术与 GBART 数字化绿色印染技术应用于传统丝绸工艺产品的设计与生产。

图4-2　造物云在Civitai平台开源多个非遗相关模型

## AI可承担大量辅助传承工作

非遗的价值多元，但仍旧需要通过适应现代社会实现活态传承，因此需要大量现代工种辅助。比如在传统戏曲等表演中需要改良"服化道"、为传统手工艺产品优化包装设计等，而 AIGC 的助力使得这些非遗项目受舞美设计、产品设计、市场营销等现代辅助性工种制约的情况有所改善，相关人员可借助 AIGC 工具生成包装设计图、产品营销物料等，投入的相关成本将大幅降低。由中国 AIGC 产业联盟联合无界 AI 发布的《中国 AIGC 文生图产业白皮书 2023》也谈到："AIGC 会通过模型的力量重塑'传统美学'的'现代影响'，其中最为显著的便是电商场景。面对传统美学与工艺，AIGC 实现了全民创作、全民审美、全民共享的可能性，加速年轻群体对传统文化的关注与认可，进而得以以电商零售的方式快速变现。"

## AI可能影响一些非遗门类相对稳定的传承状况

其一，AI 生成图样与精密机械控制衔接后投入生产，会对手工制作的非遗作品和产品造成冲击。进一步推测，随着 AI 生成图样的逐步完善，机制的一般产品与手工制作的非遗作品和产品的区分度、辨识度将进一步降低，那么这些非遗制成品的消费需求就会相应减少，造假行为也将相应增加，对应非遗项目的市场价值有可能下降。因而，需要设法规避 AI 生成与机械自动化联动后对非遗手工传承秩序的直接影响。

其二，对传统美术、传统技艺类非遗的传承与发展而言，AI 生成图样是一把"双刃剑",在提供灵感和提高效率的同时,也可能会导致使用者在艺术创作环节产生对生成模型的依赖,从而造成创作积极性下降,使得这些非遗技艺逐渐失去自发创新的动力。

## 4.2.2 AI可应用于非遗保护管理及学术研究

### AI助力非遗的立档保存及数据利用

AI相关技术可参与非遗项目资源的采集与记录,通过智能识别、分类、监测等促进非遗的数字化、系统化管理,并结合区块链等技术实现多渠道、可追溯、有保障的转化,帮助非遗数据实现广泛、高效、安全的共享和利用。

其一,非遗项目的确认、立档、研究、保存等与相关数据的采集、存储和管理息息相关,而AI可为之提供更为高效的技术支撑。AI在文物数字化中的运用已初具成效,如微软亚洲研究院与敦煌研究院合作开发的卷积神经网络被用于敦煌石窟壁画的自动数字化采集,基于深度学习的文物自动分类系统也得到了广泛应用。数字化采集、分类等工作的自动化同样适用于非遗项目的保存与管理。

其二,人工智能可盘活非遗数据资源。许多省级、市级非遗保护中心都已建立了辖区内非遗项目、传承人信息数据库,借助AI模型可对这些非遗数据的管理与利用进行全面升级,实现数据整合、算法赋能及应用拓展,使保护中心具备更为强大的保护、管理及研究能力。

其三,非遗数据资源的开放利用,依赖于技术更新发挥突出性作用。如贵州统筹搭建"全球设计师开放平台""苗绣素材库""苗绣绣娘数据库",收集整理各地苗绣绣片6000幅,利用技术手段提取矢量化纹样近2000个,并对矢量化纹样进行分类、编号、版权确认以及区块链存证,这类数字化保存与应用案例完成了基础数据集的建构,可投入大模型训练以扩展应用,但尤其需要注意版权复杂化等问题。

### AI深化非遗研究、拓展跨学科研究

其一,人工智能可助力非遗相关研究的深化。在建立非遗术语体系的基础上,各非遗门类的提示词工程可用于模型训练,大幅提升专业研究领域所需资源的智能化检索水

平，提升研究所需非结构化数据的处理与分析能力。

其二，人工智能可助力非遗相关数据分析的可视化、海量知识的图谱化，扩大和提高跨学科研究的范围与成效。目前，文物、古籍等文化遗产领域已开始相关应用。如北京工业大学艺术设计学院与信息学部合作，针对北京中轴线上的15处文化遗产间良性互动的全局知识关联开展跨学科研究，采用数字孪生技术和知识图谱方式构建出可视化大数据语言模型，借助智慧数据和知识图谱两种信息承载形式并映射到知识大图，形成了涵盖15处遗产基本信息、历史档案以及文献等多维度的关联逻辑，具有可解释、可追溯、可验证的功能。

其三，警惕AI生成内容对非遗保护研究数据的污染。AI生成内容可能会与原文化形态存在分歧，造成误导认知、污染语料库等负面影响。例如，多位自媒体博主生成的各地傩戏图片视觉冲击力大，获得诸多关注，但知情者的评价可反映多角度问题，包括"AI生成的傩戏图片根本不是真正的傩文化""'AI生傩'污染了傩文化的语料库"等。传统文化事象与AI生成艺术创作的规范化区分是解决这一问题的重要手段。2023年我国相关部门制定了《网络安全标准实践指南——生成式人工智能服务内容标识方法》，其中指明了内容标识方法，但该方法还未广泛普及，当前并未得到规范执行。

## 4.2.3 AI在非遗传播与教育中的应用前景广阔

人工智能在非遗相关信息与知识传播、公众教育等内容生成方向的应用前景广阔，也将有望降低传播与教育等的投入成本。尤其是生成式人工智能以硬件、算法和数据为基础，是继PGC（Professional-Generated Content，专业生成内容）、UGC（User-Generated Content，用户生成内容）之后新的内容生成形式，将逐步应用于非遗传播与教育所需的图文、音视频等多媒体内容的生成，文本撰写、图片设计、音频编辑、视频剪辑等工作将逐步由AI相关应用替代。

其一，AI相关应用将为非遗的展览与展示提供设计便利。比如华中科技大学建筑与城市规划学院日前已开始在永乐宫数字化展示中心设计中引入AIGC，利用Midjourney进行实验性设计共创与出图，在CAD（Computer-Aided Design，计算机辅助设计）和三维建模软件等辅助下实现了展示设计的提速[70]。

其二，AI助力非遗的数字化、虚拟化传播。人工智能与虚拟现实等相关技术结合度的提升，将开辟更多数字化、虚拟化的文化实践空间，借助 AI 可让非遗相关内容在虚拟世界触达更多潜在用户，并提供个性化服务以激发参与实践的用户的兴趣，并有望将非遗的潜在兴趣人群逐步转化为传承实践人群。下述案例中农民画体验项目即着眼于转化潜在兴趣人群，农民画与许多传统手工艺类非遗一样具有民间性、在地性。同济大学设计人工智能实验室通过 Tezign.EYE 机器学习引擎对现有的金山农民画进行解构和学习，借助 AI 提炼金山农民画的关键风格特点后应用于体验项目的开发，用户在屏幕上绘制简笔画后就可自动生成专属金山农民画，可转化认知、认同金山农民画的潜在兴趣人群。

其三，非遗传承人及相关从业者需要得到 AI 相关应用能力培训。当前 AI 及各类应用的快速拓展也在倒逼非遗传承人及相关从业者的媒体与信息素养的提升，因此需要帮助其有效利用数字工具为所持有非遗项目的传承与发展服务。社会学家提出的"科林格里奇困境"，在数字时代的文化传承中已显现：非遗传承人及相关从业者的数字传播与应用能力的差异，使其所传承非遗项目的存续状况差距不断扩大。因而当前要为非遗传承人及相关从业者提供数字化、智能化应用技能的相关培训，帮助其学会利用数字工具辅助传承、扩大传播范围。

## 4.2.4 AI将助推非遗的"两创"振兴

当前，许多非遗项目在维系传承性与现代性的平衡过程中，经常诉诸原有价值的拓展、原有功能的转化，即创造性转化、创新性发展，而 AI 相关技术可辅助非遗适应当代需求、实现发展振兴。

其一，AI 促进非遗元素创新创造的民主化，提升非遗传承人的设计开发能力，同时赋能用户，使其对非遗产品的个性化需求得以实现。同时，AI 辅助设计可以帮助非遗项目实现柔性生产，适应当代消费趋势，开展小批量按需定制，从而拓展非遗生产性保护的渠道。

其二，AI 善于抓取各类非遗要素用于再创造及扩展应用。在保障非遗传承人权益的前提下，AI 将大幅加速非遗要素授权的实践步伐，推动非遗项目跨界合作创新。AI 与虚拟现实、区块链等技术的结合还可创建更多非遗传承与传播的虚拟场景，在数字时代拓展甚至重构非遗项目的活态存在形态。

　　非遗等文化资源可与大模型建立一种互惠关系。大模型训练需要高质量的数据资源，而非遗、文物、古籍等文化资源数据可大大拓展数据的历史纵深度，对大模型的价值是独特的。并且这些领域已经持续开展了数十年的数字资源建设，加上非遗记录工程、智慧博物馆、智慧图书馆等的多年探索，将海量文化资源数据投入大模型训练，将使这些文化遗产在当代和未来发挥不可估量的作用。非遗、民俗中包含鲜活的实践和表达，古籍、文献中包含深邃的思想和智慧，文物、书画中包含丰富的符号和形象……当这些要素通过机器学习充分交融时，社会治理的古人智慧、文化高峰的孕育过程、艺术创作的清晰轨迹都将全景化、全息化呈现，滋养当代与未来人类的精神世界。

# 4.3 非遗领域AI应用的典型案例

## 4.3.1 活态传承方向

### 【案例】蜀锦蜀绣AI新锦绣产品

借助AIGC的图生图相关技术，人工智能助力非遗产品外观设计焕发新活力。

四川蜀菁文化传播有限公司（蜀菁馆）是成都市蜀锦蜀绣传习所，多年来该团队持续开展对蜀锦蜀绣产品设计创新的探索，大胆结合AI滤镜等图像风格生成软件，研发出了将AI技术应用于传统手工艺图案设计的多款产品。

团队将实物摄影图转化为既富有创意又符合蜀锦蜀绣风格的图案纹样、色彩搭配及时尚设计，并应用到高跟鞋、丝巾、围巾等实物产品中，受到消费者的广泛欢迎。AI新锦绣熊猫系列制作流程和AI新锦绣步步生花鞋制作流程如图4-3和图4-4所示。

这些融合了AI技术的蜀锦蜀绣作品不仅成为博物馆和私人收藏家的收藏，还将通过互联网定制化模式，让用户进一步体验个性化产品设计和制作过程。

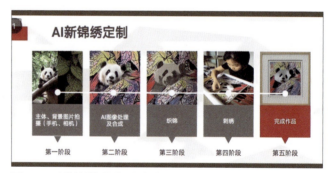

图4-3　AI新锦绣熊猫系列制作流程

图4-4　AI新锦绣步步生花鞋制作流程

## 【案例】人工智能辅助紫砂壶设计

宜兴紫砂陶制作技艺于 2006 年列入第一批国家级非物质文化遗产名录。宜兴紫砂壶高级工艺美术师吴利群与深圳人工智能工程师陈映桦合作制作的、由人工智能辅助设计的紫砂壶作品如图 4–5 所示。

图4-5　由人工智能辅助设计的紫砂壶作品

## 4.3.2　保护研究方向

### 【案例】河南借助AI完成"河南非遗一张图"

AI 参与非遗数字化采集和管理，助力非遗保护传承、智慧管理和活化利用。

河南非遗一张图是由河南省文化和旅游厅、河南省非物质文化遗产保护和智慧化中心、百度联合打造的智能河南非遗资源库，其网站首页如图 4–6 所示。

图4-6　河南非遗一张图网站首页

该项目结合百度人工智能、知识图谱、大数据等先进数字技术，综合运用百度地图、百度百科等数字资源，对非遗数据进行标准化采集并系统、直观地展现河南代表性非遗项目的各方面信息，提升了采集和管理效率，重点解决了非遗数据资源综合开发程度低、非遗传承人代际传承关系不清晰、非遗传播渠道不顺畅等问题，也使公众能够方便、快捷地了解河南非遗。

### 【案例】古琴音色数据的采样及再创作

腾讯游戏某音频设计团队在古琴艺术国家级代表性传承人林晨的指导下，对明代古琴进行音色采样。该团队通过音频技术后期处理与算法合成，最终产出了 10892 个古琴音色样本，对应 56 种常用演奏指法，并于 2023 年 12 月创作出第一首 AI 古琴曲《古今有琴》。

## 4.3.3 传播教育方向

### 【案例】苏州漳缎AI创作模型用于博物馆体验

百度文心大模型与苏州丝绸博物馆、苏州文化投资发展集团有限公司共创的苏州漳缎 AI 创作模型，海报如图 4-7 所示，用 AI 技术守护与传承省级非遗"苏州漳缎织造技艺"。

图4-7 苏州漳锻AI创作模型海报

文心大模型通过学习苏州丝绸博物馆珍藏的 3000 多件珍贵苏州漳缎数字纹样，打造了彰显中国传统文化特色的苏州漳缎 AI 创作模型，应用于"赛博织漳缎 守护丝绸界国宝"互动程序。

互动程序中共展示了 3 款"赛博漳缎"——"祥云流涌图""春鹊临枝图""超感幻蝶图"，它们各具特色、风格各异，既融合了最前沿的 AI 技术，又体现出了苏州漳缎的质地特点和色彩风格，焕发出非遗的"赛博魅力"。

用户可以在互动程序中，体验投梭、打纬、提花、划绒等苏州漳缎织造步骤，延长"赛博漳缎"的长度，这种沉浸式体验不仅极大地提高了公众对苏州漳缎织造技艺的兴趣和认知度，还向大众普及了苏州漳缎织造技艺的历史、工艺和文化价值，具有较强的教育意义。

体验完毕后，用户还可以获得专属编号和保护证书，全民共创的"赛博漳缎"将在由苏州丝绸博物馆、苏州市非物质文化遗产保护管理办公室主办的"漳缎：丝绸上的浮雕"特展上线下展出。通过线上互动与线下展出的结合，苏州漳缎这一省级非遗项目突破地域限制，吸引了来自全国各地公众的关注，有效扩大和提高了其影响力和知名度。

### 【案例】《广西日报》的广西非遗宣传版面

文生图技术已在非遗宣传和传播中得到应用。

《广西日报》在 2024 年 4 月 9 日推出的《这样的广西非遗，你 AI 吗？》跨联版，就运用了文生图技术，通过下达相关文字指令，将壮族歌圩、侗族花炮节、融水苗族赛芦笙等 13 个与广西三月三相关的非遗项目融合为一幅幅精美的 AI 画作。

科技感和民族风融汇于这一版面之上，在 AI 技术的辅助下，13 个非遗项目较好地实现了视觉整合，沿着 AI 生成的桂林漓江风景画作错落分布，为读者带来了不一样的视觉体验和想象空间。

## 4.3.4 发展振兴方向

### 【案例】传承人专属数字人直播销售天目湖白茶

借助 AI 数字人直播技术，人工智能也开始应用于非遗产品的推广和销售环节。

江苏省级非遗项目天目湖白茶制作技艺的传承人江康林通过专业数字人平台打造了个人专属 AI 数字人，如图 4-8 所示，自动生成了超拟真的主播形象、声音、直播脚本和直播间，在 2023 年"双十一"期间进行了一场电商直播。直播间里，AI 数字人主播不仅可以 24 小时不间断地直播，还可以根据观众在评论区的提问进行智能回答，提供专业知识和购买建议。

图4-8　传承人专属数字人直播销售天目湖白茶

## 【案例】舞蹈+AI,"人类与人工智能共舞"

人工智能虚拟角色协助传统舞蹈编舞,辅助传统舞蹈类非遗的发展振兴。

麻省理工学院媒体实验室利用 AI 算法,深入剖析泰国传统舞蹈"Mae Bot Yai"的精髓,实现舞蹈动作的精准解构与智能化重建。Mae Bot Yai 是泰国古典舞孔剧(Khon)的基本要素之一,孔剧于 2018 年入选联合国教科文组织非物质文化遗产名录。麻省理工学院媒体实验室项目团队在保留 Mae Bot Yai 舞蹈艺术美感的同时,通过数据分析和模式识别技术,挖掘传统舞蹈中隐匿的节奏与规律,创造出了更为丰富和复杂的舞蹈序列,使传统舞蹈焕发出新的生命力。"人类与人工智能共舞"表演现场如图 4-9 所示。当前,AI 已成为跨界合作媒介,众多 AI 技术被广泛应用于舞蹈动作生成、表演控制、数字影像创作以及舞台设计等多个环节,不仅提升了舞蹈表演的艺术效果,还使得非遗以更加生动、直观和易于理解的方式展现在公众面前,成为推动非遗传承与发展的重要力量。

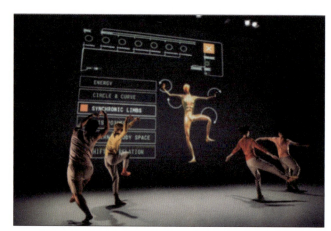

图4-9 "人类与人工智能共舞"表演现场[1]

---

1 图片来源:麻省理工学院媒体实验室。

# 总结与展望

当代，文化繁荣与科技助推的关联日益密切，AI 技术作为新一轮产业变革的革命性力量，已快速应用于各类文化产业，并在公共文化服务、艺术行业、非物质文化遗产领域等文化行业的方方面面落地生根。

在文化产业领域，AI 被广泛应用于创意内容开发、产品设计制作、文化信息传播推广等多个环节，并且在文旅融合等新业态、新模式的孕育中将发挥突破性作用，极大提升文化生产效率和文化传播效果，推动数智时代文化产业高质量发展。

在公共文化服务领域，AI 技术通过知识图谱、智能推荐等手段，提升了公共文化服务的智能化、便捷性和互动性；随着相关技术应用成本的降低，AI 技术将与公共文化服务各环节进一步融合，更全面地贴近和满足不同人群的文化需求，增强人民群众的文化获得感和幸福感。

在艺术行业领域，AI 技术与艺术家的合作日益紧密，共同探索新的艺术形式和表现手法，为艺术创作带来了更多的可能性和想象空间；AI 也正在渗透到艺术教育、艺术品鉴赏与交易等各个具体环节，未来有望迈入人工智能与艺术行业有序、可控、深度融合阶段，为我国文化艺术发展注入蓬勃向上的生命力。

在非物质文化遗产领域，AI 也开始介入非遗本体的传承与发展，并可在非遗资源整合、管理、配置，以及数据共享开放等方面提供突破性、结构性的技术支撑，将非遗保护的各项措施有序推进到数字化、智能化水平，拓展非遗系统性保护、创造性转化、创新性发展的实现维度。

科技与文化的深度融合，将会极大丰富文化产品、艺术作品的形态与内涵，使其更加多元化、个性化和智能化，并将拓宽公共文化服务、文化遗产保护利用的范围与渠道，从线下到线上、从现实到虚拟，文化行业将会焕发前所未有的生机与活力。

# 参考文献

[1] 王熠. 人工智能与数字创意产业：融合、发展与创新 [J]. 上海大学学报(社会科学版),2023,40(03):100-111.

[2] 周建新,杜峻泖. 全球竞争视野下人工智能对文化产业的影响：机遇、挑战和路径 [J]. 上海商学院学报,2024,25(02):18-32.

[3] 解学芳. 人工智能时代的文化创意产业智能化创新：范式与边界 [J]. 同济大学学报(社会科学版),2019,30(01):42-51.

[4] 张悦,王俊秋. 人工智能时代下文化产业的发展与展望 [J]. 云南社会科学,2021,41(05):36-41.

[5] 王伟,黄轶. 协同、价值与奇点：人工智能挑战下的艺术反思 [J]. 艺术学界,2018,10(02):1-12.

[6] 解学芳,祝新乐."智能+"时代AIGC赋能的数字文化生产模式创新研究 [J]. 福建论坛(人文社会科学版),2023,43(08):16-29.

[7] 蒋昌磊. AIGC对于数字内容产业的影响逻辑与应用治理 [J]. 哈尔滨师范大学社会科学学报,2023,14(06):148-152.

[8] 郑迦文. AI生成式文学的创作试验与文本解读 [J]. 贵州民族大学学报(哲学社会科学版),2024,44(02):122-137.

[9] 赵平广,赵员康. 大语言模型赋能文化生产的可能与反思 [J]. 青年记者,2024,84(07):89-93.

[10] 张泽宇,王铁君,郭晓然,等. AI绘画研究综述 [J]. 计算机科学与探索,2024,18(06):1404-1420.

[11] 张显飞. 人工智能技术在传统美术图像当代转换中的功能与应用 [J]. 中国美术,2024,16(02):98-102.

[12] 萧萍. 具身、想象与共情：人工智能音乐生成与传播的技术现象学研究 [J]. 现代传播(中国传媒大学学报),2022,44(09):155-161.

[13] 蔡元骏. AI技术对音乐创作的积极贡献 [J]. 电声技术,2023,47(11):62-64+68.

[14] 杨雅萱. AI科技对音乐创作的应用——技术的革新与音乐创作前景的探索 [J]. 音乐天地(音乐创作版),2023,75(11):49-55.

[15] 陈筱贞.艺术危机论与产业发展论中AIGC音乐版权保护[J].文化产业,2024,17(08):144-146.

[16] 夏春秋.短视频AI配音的使用与满足研究[J].新闻研究导刊,2024,15(04):1-3.

[17] 黄莎莎,张学知.AI音频生成技术应用的风险及其规制对策[J].新闻潮,2023,27(11):20-23.

[18] 司若,庞胜楠.AIGC赋能视听产业研究报告[J].现代视听,2023,52(08):22-24.

[19] 胡冬梅,雷桐.AIGC:影视内容生产的变革动能[J].科技传播,2023,15(21):101-105.

[20] 张亦弛,赵瑜.海外生成式人工智能与影视产业研究综述[J].电影文学,2024,67(03):72-77.

[21] 巴晓.AIGC技术在影视制作中的应用探索和趋势前瞻[J].现代电影技术,2023,67(12):37-43.

[22] 巴晓.重塑和生成:AIGC在电影影像制作中的应用[J].电影文学,2024,67(05):70-75.

[23] 徐斌.人工智能时代AIGC对电影工业的风险挑战与治理策略[J].电影文学,2024,67(02):73-77.

[24] 杨玉洁,樊刚.从视频模型到应用场景:AIGC如何影响视听行业[J].影视制作,2024,30(03):15-23.

[25] 孙苏川,薛子育.虚拟数字人发展现状分析[J].现代电视技术,2024,36(02):12-18.

[26] 谢新洲,曾妮.机遇与挑战:虚拟数字人在传媒业的应用和未来发展[J].青年记者,2024,84(04):73-77+93.

[27] 代天骄.数字技术与AIGC推动传播新闻业的变革与创新[J].数字经济,2024,11(Z1):51-55.

[28] 朱峻东,钱毓蓓.AIGC对新闻业发展的影响及应对策略[J].新媒体研究,2024,10(05):5-9.

[29] 李屹.AIGC模式中新闻生产的路径创新[J].视听,2023,18(11):17-20.

[30] 郑满宁.人工智能技术下的新闻业:嬗变、转向与应对——基于ChatGPT带来的新思考[J].中国编辑,2023,21(04):35-40.

[31] 刘鸣筝,朱芷瑶.对话式新闻:AIGC的智能化补充与沉浸式呈现[J].青年记者,2023,83(13):57-59.

[32] 徐晨岷.数智时代AIGC在出版业的应用与发展:创新与挑战[J].传播与版权,2024,12(09):46-51.

[33] 安宁.AIGC工具在出版领域的应用与展望[J].文化产业,2023,16(35):157-159.

[34] 周文婷,刘莹.科技赋能出版新业态:生成式出版的内涵特征、实践进路与发展反思[J].出版广角,2024,30(03):70-74.

[35] 李丽萍.AIGC嵌入出版生态系统演化进程、机理变革及风险化解[J].中国出版，2024,47(04):35-40.

[36] 夏德元.AIGC时代的知识生产逻辑与出版流程再造[J].中国编辑，2023,21(09):46-50.

[37] 王峻峰.人工智能生成内容（AIGC）及其在图书出版中的应用探讨[J].传播与版权，2023,11(10):48-51.

[38] 韩国颖，张科.AIGC营销：人机共生式营销模式推动数字营销向数智化跨越[J].企业经济，2024,43(02):111-124.

[39] 方鸿灏.基于人工智能的广告营销新生态研究[J].新闻传播，2023,39(19):115-117.

[40] 姜智彬，黄琳雅.技术变革下的数字营销转向：前进中的智能广告研究[J].传媒论坛，2024,7(10):4-8.

[41] 王岚.AIGC赋能广告业或促生新业态[J].中国传媒科技，2024,32(04):36-39.

[42] 胡章元.人工智能大模型在数字文旅行业中的应用与探索[J].通信与信息技术，2023,45(04):104-107.

[43] 徐延章.元宇宙视域下城市文旅融合服务的创新表现策略[J].城市观察，2023,15(02):136-145+163.

[44] 严贝，武娟，王婉珩.数字经济赋能文旅融合高质量发展[J].文化产业，2024,17(09):58-60.

[45] 蔡尚伟，董渤.智能文创：城市竞争新赛道[J].新媒体研究，2024,10(04):1-6.

[46] 杨懿，廉倩文.文旅产业数字化转型：现实挑战与推进路径[J].湖湘论坛，2024,37(06):80-89.

[47] 黄文婷.数字经济背景下文旅产业发展模式探究[J].现代营销（上旬刊），2024,32(03):95-97.

[48] 饶权.全国智慧图书馆体系：开启图书馆智慧化转型新篇章[J].中国图书馆学报，2021,47(01):4-14.

[49] 完颜邓邓，尹娇，刘文艳.国内外公共文化服务与旅游业融合发展研究进展[J].图书情报知识，2024,41(01):92-101.

[50] 李少惠，尤佳.公共文化服务治理图景：理念、模式与运行机制[J].图书馆建设，2024(05):1-13.

[51] 周晓丽，毛寿龙.论我国公共文化服务及其模式选择[J].江苏社会科学，2008(01):90-95.

[52] 曾粤亮，吕晓龙.我国公共文化数字化的实践探索与发展重点[J].图书情报知识，2024,41(03):60-71.

[53]DOU J. Designing Public Digital Cultural Service Interactive System Based on Reality‐Based Interaction Principles[C]//Cyberspace Data and Intelligence, and Cyber‐Living, Syndrome, and Health: International 2019 Cyberspace Congress, CyberDI and CyberLife, Beijing, China, December 16‐18, 2019, Proceedings, Part I 3. Springer Singapore, 2019: 502–517.

[54]ABATE D, AGAPIOU A, TOUMBAS K, et al. Artificial Intelligence to Fight Illicit Trafficking of Cultural Property[J]. The International Archives of the Photogrammetry, Remote Sensing and Spatial Information Sciences, 2023, 48: 3–10.

[55]ZHAO M, WU X, LIAO H T, et al. Exploring research fronts and topics of Big Data and Artificial Intelligence application for cultural heritage and museum research[C]//IOP Conference Series: Materials Science and Engineering. Guangzhou, China:IOP Publishing, 2020, 806(1): 012036.

[56]Orea-Giner A, Muñoz-Mazón A, Villacé-Molinero T, et al. Cultural tourist and user experience with artificial intelligence: A holistic perspective from the Industry 5.0 approach[J]. Journal of Tourism Futures, 2022.

[57] 蔡沅欣，陈苗，肖鹏. 图书馆创新研究综述：基础理论、运行机制和实践应用 [J]. 图书馆学研究,2023,(11):2-10.

[58] 周建新. 人工智能时代的中国文化产业发展研究报告（2023）[J]. 艺术学研究,2024,(02):35-43.

[59] 王雪松，戴姗珊. 人工智能驱动下的音乐产业发展状况与问题分析 [J]. 艺术学研究,2024,(02):44-49.

[60] 张漪楠. 人工智能技术在舞蹈编创中的应用分析 [J]. 尚舞,2023,(08):76-81.

[61] 狄鑫，柴熙芮. 戏曲艺术传播发展中数字技术的应用研究 [J]. 名家名作,2024,(20):1-3.

[62] 刘雅天. 人工智能技术在中学美术教育中的应用探究——以上海地区为例 [J]. 美术教育研究,2024,（15）:147-149;159.

[63] 张倩. 信息技术在舞台美术设计中的应用研究 [J]. 西北美术,2022,（02）:132-137.

[64] 李睿娜，张一帆. 人工智能参与中华优秀传统文化传承创新的应用研究 [J]. 智慧中国,2024,（07）:86-87.

[65] 郭晓. 孙思颖：美育应当成为连接科技与人文的桥梁 [J]. 艺术教育,2024,(08):35-36.

[66] 劳晓燕. 空间智能技术对文化娱乐产业的影响分析 [J]. 中国市场,2022,（13）:115-118.

[67] 蔡新元，张健.2023 中国人工智能艺术教育白皮书 [R]. 光影交互服务技术文化和旅

游部重点实验室和中国人工智能艺术教育协同创新平台 ,2023.

[68] 联合国教科文组织. 保护非物质文化遗产公约 [EB/OL].[2024-03-25].https://www.ihchina.cn/zhengce_details/11668.

[69] 联合国教科文组织. 人工智能伦理问题建议书 [EB/OL].[2024-03-29].https://unesdoc.unesco.org/ark:/48223/pf0000381137_chi.

[70] 张健,王雨心,袁哲.AIGC 赋能传统文化传承设计方法与实践——以山西省永乐宫数字化展示中心方案设计为例 [J]. 设计 ,2023,36(17):30-33.